ぜんぶ絵でわかる 8
日本建築の歴史

海野 聡

X-Knowledge

はじめに

日本建築史と聞いて、どのようなイメージを思い浮かべますか？ 威風堂々たる城、高くそびえた五重塔、煌びやかな御殿(ごてん)、植物の香り漂う民家、はたまた狭小の茶室。日本にはさまざまな建築が存在し、そのカタチにも意味があり、それを技術が支えてきました。デザイン・技術にも発展があり、そこに歴史が詰まっているのです。

建築史に限りませんが、歴史をカタログ的に見て、年号や名称を暗記するもの、ととらえてしまうと、おそらく苦痛でしかありません。そもそも、歴史は人の営為の蓄積であり、とりわけ、建築については、人の理想や鋭意工夫が詰まっていて、そこにこそ大きな意味があるのです。どのような考えで、建築をとらえ、そして実現しようとしたか、という時間の流れをとらえることで、技術の発展の系譜やそれらの建物が生まれた社会的な背景、そしてその奥にある人びとの知恵や工夫が見えてきます。

本書を読み終わる頃には、歴史的建造物の見え方も変わってくることでしょう。日本の伝統的な木造建築は各地に残っており、建てられた時代やそれぞれの地域的な特徴が詰まっています。読者の皆さんにとって、歴史的建造物が各地を訪れる際の楽しみとなることを期待しています。

2024年8月吉日　海野 聡

日本建築史年表

時代	年代	主なできごと
縄文～弥生時代	約1万年前	竪穴住居などが建てられ、小集落が形成されはじめる
	約6000年前	平地式住居や掘立柱建物、大型住居などが形成されはじめる
	紀元前300年頃	水稲耕作の定着、環濠集落の出現
	100年頃	鉄器の普及
古墳～飛鳥時代	300年頃	大型前方後円墳の出現
	崇峻天皇元年（588）	飛鳥寺建立
	推古天皇元年（593）	四天王寺建立
	7世紀前半	法隆寺創建
	推古天皇11年（603）	小墾田宮に移る。冠位十二階の制定
	推古天皇21年（613）	難波から大和に至る大道をつくる
	舒明天皇13年（641）	山田寺の造営開始
	皇極天皇元年（642）	飛鳥板蓋宮に移る
	皇極天皇2年（643）	小墾田宮に移る
	孝徳天皇元年（645）	乙巳の変
	孝徳天皇元年（645）	難波京に遷都
	天智天皇3年（664）	大宰府防衛のため水城を築く。翌年、大野城築城

寺社

伊勢神宮（神明造）

出雲大社（大社造）

住吉大社（住吉造）

住宅

家屋文鏡

家形埴輪

その他

竪穴建物

奈良時代

天智天皇6年（667）	近江大津宮に移る
天智天皇9年（670）	法隆寺火災
天武天皇元年（672）	壬申の乱。同年中に飛鳥浄御原宮に移る
天武天皇9年（680）	本薬師寺建立
天武天皇10年（681）	飛鳥浄御原律令の編纂開始
持統天皇8年（694）	藤原宮遷都
大宝元年（701）	大宝律令の完成
和銅3年（710）	平城京遷都。興福寺建立を発願
神亀6年（729）	長屋王の変
天平12年（740）	恭仁京遷都
天平13年（741）	国分寺建立の詔
天平15年（743）	墾田永年私財法、大仏造立の詔
天平16年（744）	難波京遷都
天平17年（745）	紫香楽宮遷都。同年中に平城京へ遷都
天平19年（747）	新薬師寺建立。大仏の鋳造が始まる
天平勝宝4年（752）	大仏開眼供養
天平勝宝6年（754）	鑑真により東大寺に戒壇が建てられる
天平勝宝9年（757）	養老律令施行
天平宝字3年（759）	唐招提寺建立
延暦3年（784）	長岡京遷都

法隆寺金堂

薬師寺東塔

唐招提寺金堂

長屋王邸

法隆寺伝法堂
（旧橘夫人邸）

正倉院正倉

時代	平安時代
年代	延暦13年(794)／延暦23年(804)／弘仁7年(816)／弘仁10年(819)／天長4年(827)／承和3年(836)／貞観元年(859)／貞観3年(861)／貞観18年(876)／元慶3年(879)／承平5年(935)／承平6年(936)／天徳4年(960)／寛和元年(985)／永承7年(1052)／応徳3年(1086)／長治2年(1105)
主なできごと	平安京遷都／最澄・空海を乗せた遣唐使船が出発／最澄、比叡山での道場建立を申請／空海、高野山での道場建立を許される／延暦寺の戒壇設立／東大寺真言院に灌頂道場を設立／石清水八幡宮を勧請／東大寺大仏の修理完了／大極殿再建／大極殿火災／平将門の乱(〜940年)／藤原純友の乱(〜941年)／平安京内裏の焼失／源信『往生要集』成立。浄土信仰が盛んになる／平等院創建／白河上皇が院政を始める／藤原清衡、最初院(中尊寺)を建立
寺社	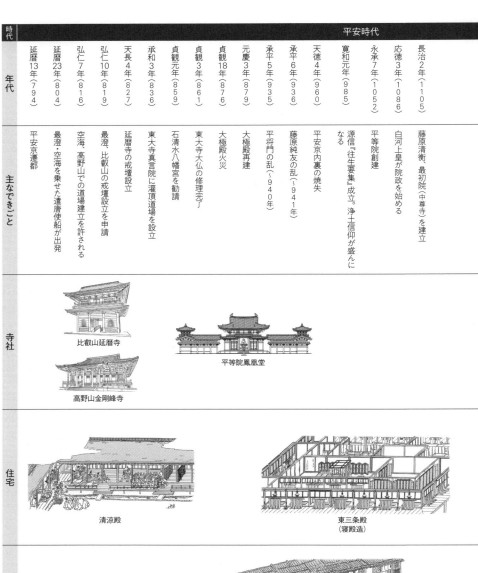 比叡山延暦寺／高野山金剛峰寺／平等院鳳凰堂
住宅	 清涼殿　 東三条殿(寝殿造)
その他	紫宸殿　京の町並み

鎌倉時代

正慶2年／元弘3年（1333）	鎌倉幕府滅亡
元応2年（1320）	『法然上人絵伝』成立
延慶2年（1309）	『春日権現験記絵』成立
正安元年（1299）	『一遍上人絵伝』成立
弘安4年（1281）	弘安の役
承久3年（1221）	承久の乱
承元2年（1208）	興福寺北円堂完成
建仁2年（1202）	建仁寺創建
建久3年（1192）	源頼朝、征夷大将軍に任命される
建久2年（1191）	栄西、南宋から臨済宗を伝える
元暦2年（1185）	壇ノ浦の戦い（平氏滅亡）源頼朝、朝廷から東国支配を認められる
寿永2年（1183）	重源、造東大寺大勧進職として東大寺再建に着手
養和元年（1181）	福原京遷都。同年、平重衡焼き打ちで大仏殿焼失
治承4年（1180）	福原京遷都。同年、平重衡焼き打ちで東大寺焼き打ちで大仏殿焼失
仁安2年（1167）	平清盛、太政大臣になる
平治元年（1159）	平治の乱
保元元年（1156）	保元の乱

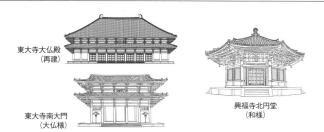

東大寺大仏殿（再建）
東大寺南大門（大仏様）
興福寺北円堂（和様）

漆間時国邸

大津の町並み

7

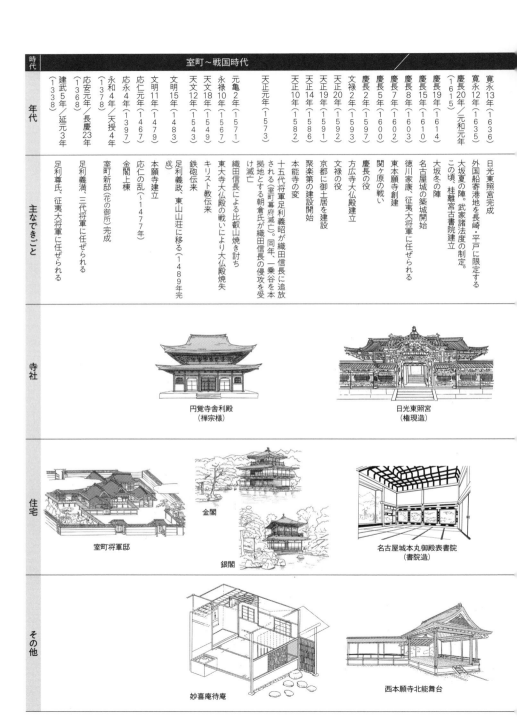

時代	室町～戦国時代
年代	建武5年／延元3年（1338） 応安元年／長慶23年（1368） 永和4年／天授4年（1378） 応永4年（1397） 応仁元年（1467） 文明11年（1479） 文明15年（1483） 天文12年（1543） 天文18年（1549） 永禄10年（1567） 元亀2年（1571） 天正元年（1573） 天正10年（1582） 天正14年（1586） 天正19年（1591） 文禄2年（1593） 文禄2年（1593） 慶長2年（1597） 慶長5年（1600） 慶長7年（1602） 慶長8年（1603） 慶長15年（1610） 慶長19年（1614） 慶長20年／元和元年（1615） 寛永12年（1635） 寛永13年（1636）
主なできごと	足利尊氏、征夷大将軍に任ぜられる 足利義満、三代将軍に任ぜられる 金閣上棟 室町新邸（花の御所）完成 応仁の乱（～1477年） 本願寺建立 足利義政、東山山荘に移る（1489年完成） 鉄砲伝来 キリスト教伝来 東大寺大仏殿の戦いにより大仏殿焼失 織田信長による比叡山焼き討ち 十五代将軍足利義昭が織田信長に追放される（室町幕府滅亡）。同年、一乗谷を本拠地とする朝倉氏が織田信長の侵攻を受け滅亡 本能寺の変 京都に御土居を建設 聚楽第の建設開始 文禄の役 方広寺大仏殿建立 慶長の役 関ヶ原の戦い 東本願寺創建 徳川家康、征夷大将軍に任ぜられる 名古屋城の築城開始 大坂冬の陣 大坂夏の陣。この頃、桂離宮古書院建立 武家諸法度の制定。外国船寄港地を長崎・平戸に限定する 日光東照宮完成
寺社	円覚寺舎利殿（禅宗様） 日光東照宮（権現造）
住宅	室町将軍邸 金閣 銀閣 名古屋城本丸御殿表書院（書院造）
その他	妙喜庵待庵 西本願寺北能舞台

江戸時代	明治時代	大正〜平成時代
承応3年（1654）隠元隆琦、来日 明暦3年（1657）明暦の大火 寛文元年（1661）隠元、黄檗山萬福寺建立 宝永6年（1709）公慶による東大寺大仏殿再建 嘉永6年（1853）ペリー、浦賀に来航 嘉永7年（1854）日米和親条約締結 安政5年（1858）日米修好通商条約締結 慶応3年（1867）大政奉還	慶応4年／明治元年（1868）江戸開城。東京都・版籍奉還 明治2年（1869）東京奠都。版籍奉還 明治4年（1871）廃藩置県。太政官布告として「古器旧物保存方」が発布される 明治5年（1872）新橋・横浜間の鉄道開業。壬申検査の実施 明治8年（1875）正倉院宝庫が東大寺管理から内務省の管轄となる 明治9年（1876）三島通庸、酒田・鶴岡県令を経て、山形県令となる 明治16年（1883）鹿鳴館開館 明治21年（1888）臨時全国宝物取調局の設置 明治27年（1894）日清戦争 明治28年（1895）東本願寺御影堂再建 明治30年（1897）古社寺保存法の制定 明治37年（1904）日露戦争	大正3年（1914）東京駅丸ノ内本屋竣工 大正8年（1919）史蹟名勝天然紀念物保存法制定 昭和4年（1929）国宝保存法の制定 昭和8年（1933）重要美術品等ノ保存ニ関スル法律制定 昭和25年（1950）前年の法隆寺金堂壁画の焼失を受け、文化財保護法が制定される 昭和42年（1967）一乗谷の発掘調査・保存整備の開始 昭和50年（1975）文化財保護法の改正により、伝統的建造物群保存地区が設けられる 平成5年（1993）法隆寺等が日本初の世界遺産に登録される 平成8年（1996）登録文化財制度の開始

東大寺大仏殿（再建）

善光寺

平安神宮

大谷派本願寺
函館別院

二条城二の丸御殿

旧岩崎邸

桂離宮
（数寄屋造）

東京駅丸ノ内本屋

はじめに……02
日本建築史年表……04

序章
建築史のはじめに

日本建築の特徴	16
日本建築の工匠と組織	17
原始の建物のかたち	18
竪穴建物とは？	20
竪穴と掘立柱の違いは？	22
独立棟持柱の役割	23
高床建物とは？	24
木造建築の仕組み	26
屋根のかけ方	27
柱の配置と建物の拡がり方	28
さまざまな屋根のかたち	30
柱配置と屋根形状	32
組物の構成	34
さまざまな門の構成	36
古建築の大工道具と現場のようす	38

第1章
都市の歴史

古代の都城と遷都	42
都城の条坊制	43
最初の本格的な都市・藤原京	44
奈良の都・平城京	45
千年の都・平安京	46
地方都市の構成	47
中世の平安京	48
豊臣秀吉の京都改造	49
城郭と城下町の成り立ち	50
城下町の構成	51
城下町の種類	52
城下町の眺望	54
近世の都市の種類	55
城郭と天守の形式	56
江戸の都市設計と都市改造	58
明治維新と都市改造	60

第2章
神社仏閣の建築史

- 自然信仰と建築 ……………… 64
- 生まれ変わる神社建築 ……… 65
- 古式の神社本殿の形式 ……… 66
- 神社本殿のかたち …………… 69
- 流造の特徴 …………………… 70
- 春日造の特徴 ………………… 71
- 八幡造の特徴 ………………… 72
- 日吉造の特徴 ………………… 73
- 寺院を構成する諸建築 ……… 74
- 寺院の伽藍配置 ……………… 76
- 金堂と講堂の特徴 …………… 78
- 塔の特徴 ……………………… 79
- 僧房の特徴 …………………… 80
- 倉庫の特徴 …………………… 81
- 寺院の細部意匠 ……………… 82
- 飛鳥・奈良時代の寺院建築 … 84
- 密教寺院の流行 ……………… 86
- 密教寺院の新しい建築 ……… 88
- 密教建築の礼堂 ……………… 90
- 末法思想と浄土信仰 ………… 92
- 平安貴族と浄土寺院 ………… 94
- 神仏習合と社殿の変化 ……… 96

- 神社境内の諸建築 …………… 98
- 中世のはじまり ……………… 100
- 大仏様の特徴 ………………… 102
- 大仏様の展開と巨大建築 …… 104
- 禅宗様の特徴 ………………… 106
- 禅宗様の展開と空白の13世紀 … 108
- 和様の特徴 …………………… 110
- 拡大していく和様の密教本堂 … 112
- 古代から中世へ、
　変化する神社建築 ………… 113
- 仏堂化する神社本殿 ………… 114
- 大型化する神社本殿 ………… 115
- 連棟化する神社本殿 ………… 116
- 神社の礼拝施設の展開 ……… 117
- 戦国期の寺院の荒廃と復興 … 118
- 中世の民衆の隆盛と寺院の造営 … 119
- 江戸の巡礼と寺院 …………… 120
- 装飾化する寺院建築 ………… 121
- 黄檗宗の建築 ………………… 122
- 霊廟建築の発展 ……………… 124
- 権現造の特徴 ………………… 125
- 明治維新と廃仏毀釈 ………… 126

第 3 章
住宅の建築史

古代宮殿と律令制 — 130	茶の文化と茶人 — 160
古代宮殿と大極殿 — 132	千利休と茶室の草庵化 — 162
朝堂院と大嘗宮 — 133	武家と茶室 — 164
内裏の紫宸殿と清涼殿 — 134	書院造の豪奢化 — 166
奈良時代の貴族住宅 — 136	御殿の建築と格式 — 168
発掘された奈良時代の豪邸 — 138	数寄屋の展開 — 170
奈良時代の宮殿と庭園 — 139	数寄を凝らした遊興建築 — 172
大規模な寝殿造 — 140	中世以降の娯楽と建築 — 174
さまざまな寝殿造 — 142	中世〜近世の都市の町並み — 176
寝殿造の室礼 — 144	近世の町家と町並み — 178
平安時代の京の町並み — 146	町家の平面構成 — 179
鎌倉時代の武士の住宅 — 148	町家の特徴 — 180
鎌倉時代の地方の町並み — 150	集落の地形と建物の配置 — 182
室町時代の武士の住宅 — 152	中世以降の民家 — 183
会所の発生 — 154	民家(農家)の構造 — 184
書院造の成立 — 155	地域ごとの民家の多様性 — 186
座敷構えの源流と成立 — 156	農家型民家の形式①東日本 — 188
中世の楼閣建築 — 158	農家型民家の形式②西日本 — 190
僧の居室・方丈 — 159	住宅の近代化 — 192

終章 明治以降の建築史

- 洋風建築の導入 …………………… 196
- 御雇外国人から日本人建築家へ …… 198
- 文化財保護のはじまり ……………… 200
- 古社寺の保存と修理 ………………… 201
- 文化財保護法の成立 ………………… 202

建物索引……203
用語索引……206
主要参考文献……212
おわりに……215

STAFF
イラスト………いとう良一
イラスト・トレース協力………堀野千恵子
装丁・デザイン………三木俊一（文京図案室）
組版………竹下隆雄（TKクリエイト）
印刷・製本………シナノ書籍印刷

序章
建築史のはじめに

人が生きていくための衣食住。建築は「住」にあたります。先史時代より、日本では竪穴建物や高床倉庫などが人びとの生活を支えていました。ただし、法隆寺金堂よりも古い建物は残っていませんから、発掘調査の痕跡や出土した家形の遺物、遺物に描かれた建物の姿などをもとに考えていくことになります。また日本建築のほとんどは木造建築ですから、その基本構造を知ることが、日本建築史を理解する第一歩になります。特に柱の配置と屋根には深い関係があります。これらの基礎をみていきましょう。

日本建築の特徴

日本建築には、宗教建築や住宅など、さまざまなものがあります。住宅では寝殿造や書院造などは聞き覚えのある方も多いでしょう。神社では「〇〇造」といわれるような建築の形式が定まったものがあり、寺院建築では中世以降、和様・大仏様・禅宗様といった様式がみられるようになります［100頁参照］。

建築様式の東西

ヨーロッパの建築では、それぞれの時代に応じて、ロマネスク、ゴシック、バロックのように様式があり、「一時代一様式」の傾向が強くみられる。これに対して日本では、和様、大仏様、禅宗様のように、複数の様式が同時代に多数存在する

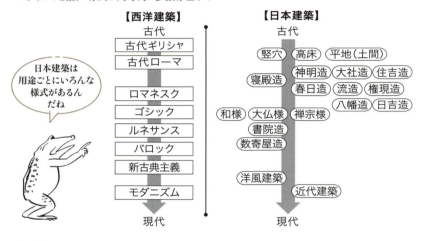

床張りと土間

床を張り、靴を脱ぐという建築の形態は、日本建築の大きな特徴のひとつである。古代の宮殿などでも、中国的なエリアでは土間となった一方で、内裏などの伝統的なエリアでは床張りの建物がつくられた。この床張りという方法は日本の生活に合致した形式で、建築のかたちに大きな影響を与えた

日本建築の工匠と組織

日本建築は工匠によって生み出されてきました。支配者の権力が比較的大きな古代や近世には、組織立った造営の体制が構築された一方で、中世には工匠がそれぞれの集団を形成していました。

古代の工匠

古代には律令制のもと、木工寮や修理職などの造営組織に工匠が集められ、造東大寺司などの臨時の役所に赴き、仕事を行っていた。その体制は大工を頂点としたピラミッド型の組織で、工匠以外の単純労働を担う人びとも造営を支えていた

雇工は官に直接雇用された技術者。さらにこのほかに労働力として雇用された雇夫や仕丁、官に属さない独立技術者の様工がいた

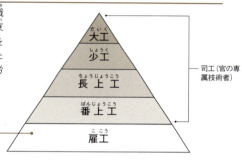

中世の工匠

中世になると朝廷の力の低下にともなって、木工寮などから寺社へと身を寄せる工匠が増えていった。彼らは座を構成し、新規参入者を排除することで、独占的に仕事を獲得していた。その構成は工匠の能力によって、大工・引頭・長・連という構成がみられた

「座」は職人達の組合みたいなものだよ

近世の工匠

幕府や藩が工匠を統率し、畿内や近江国では京都御大工頭中井家の中井役所によって工匠支配がなされていた。江戸では、作事奉行・小普請奉行などの役所が設けられ、御大工を技術官僚のトップとして、大棟梁などが配下にいた。官僚化した組織形成のなかで、実務よりも積算(工事費の算出)などが主な仕事となっていた

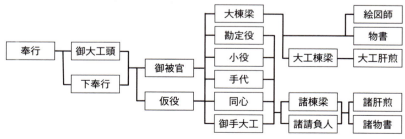

日本建築の特徴／組織体制　17

原始の建物のかたち

現存最古の法隆寺金堂以前の建物の様相は、発掘調査の成果やわずかな文献史料の記述からうかがい知るしかありません。出土建築部材のように、建築の情報をそのまま伝えるものもありますが、描写や造形物を通して情報を読み取ることもあります。これらはデフォルメされていることもあり、その正確性については慎重な判断が必要です。

家屋文鏡にみる古代の住居

明治14年(1881)に佐味田宝塚古墳から出土したもので、背面側に4棟の建物が描かれている。日本で制作された倭鏡とみられ、多様な建物の様相がうかがえる

A棟：入母屋造の竪穴建物
入母屋造の伏屋の竪穴建物で、突き上げの戸や棟の端部の千木（ちぎ）が描かれている。蓋（きぬがさ。スゲなどの植物の繊維でつくられた笠）がかけられ、貴人の家と考えられる

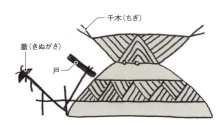

B棟：切妻造の高床建物
切妻造で、妻側に手摺りのない階段が描かれている。棟木（むなぎ）の端部に千木が付き、床下には網代（あじろ）とみられる遮蔽設備がある

C棟：入母屋造の高床建物
入母屋造の高床建物で、妻側の階段に手摺りが付き、屋根には千木がある。床下には網代とみられる遮蔽設備がある。大きな蓋があり、こちらも貴人の邸宅と考えられる

D棟：入母屋造の平屋建物
入母屋造で、基壇の上に建つ平地もしくは壁立の建物とみられる。屋根には千木が付く

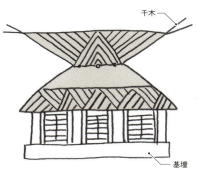

袈裟襷文銅鐸にみる高床建物

弥生時代後半につくられた銅鐸で、縦横に交差させた模様（袈裟襷文）で分けられた空白部に、草葺とみられる高床の建築と、妻側にはしごが描かれている。屋根の端部では千木が伸びていて、棟の端部を独立棟持柱が支えている。伝讃岐国出土

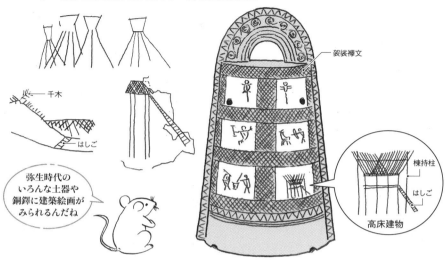

家形埴輪

赤堀茶臼山古墳出土のものが有名。建物一群でもまとまって出土し、正殿・後殿・脇殿による配置構成とみられる。細部表現をみると、平地建物や高床建物、切妻、入母屋造など、多彩な様相を示している。また、棟木上には勝男木があるものもあり、正殿の格式を示すシンボルと考えられる

竪穴建物とは？

「竪穴建物」とは、地面を直接掘りくぼめて床をつくり、そこに屋根をかけた半地下式の建物です。夏は涼しく、冬は保温により暖かいという利点があり、世界各地の先史時代で確認されています。日本では旧石器時代の洞窟や岩陰などでの生活から変化し、縄文時代以降に竪穴建物が増えていきました。東北地方や北海道では、中世でも竪穴建物がみられます。かつて竪穴"住居"と習った方が多いかもしれませんが、発掘された遺構は用途が住居に限定されるわけではないので、現在では「竪穴建物」と呼びます。

東日本と西日本の地域性

日本では縄文時代の竪穴建物が中部以東に偏在している。西日本では遺物の出土があるが、住居の痕跡は残っていないことから、旧石器時代以来、平地式住居が設けられていたようである

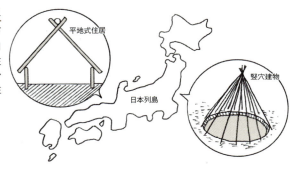

縄文時代の竪穴建物の平面

縄文時代早期の竪穴住居は、不整形平面から長方形平面になった。縄文時代前期には長方形平面から円形・楕円形に変化し、縄文時代中期末から後期にかけて、円形に変化した。その後再び、縄文時代後期末から晩期にかけては円形から方形に変化し、主柱4本の形式が成立した

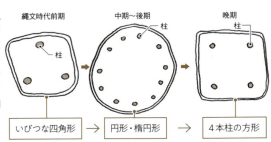

弥生時代の竪穴建物の平面

弥生時代以降、東日本では主柱4本の形式が主流となった。西日本にも竪穴建物が広がっていったが、その平面は主柱の本数に応じて円形に近い多角形平面だった。弥生時代後期以降には、全国的に方形の平面が多くなり、古墳時代には方形平面の主柱5本の形式が主流になった

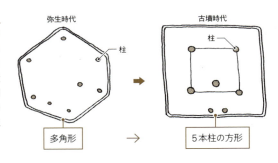

竪穴建物の基本構造

小規模で、最も基本的な上部構造は、テント構造である。3〜4本の骨組みを頂部で束ね、周囲に垂木を配して屋根を葺く形式だ。主柱を立てるようになると、柱の上に桁・梁をかけ、その上に屋根頂部を組み上げるようになった。垂木は棟木から桁まで、桁から地上付近までかけ渡される

かまど
調理などで煮炊きする設備で、周囲に熱が逃げないように工夫されている。古墳時代以降、粘土で固めたかまどが設けられるようになると、日本列島各地に普及した

炉
炉は浅い掘り込みをともなう火を扱う施設で、屋内炉の形式は地床炉が最も多い。ほかに、石囲炉、埋甕炉、石囲埋甕炉などの形式がある

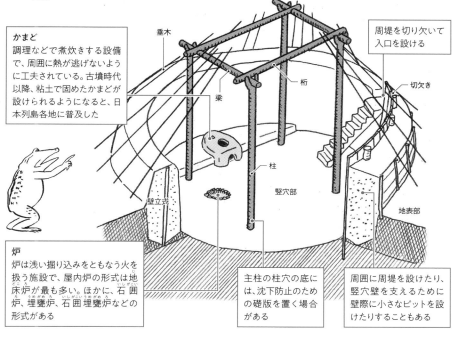

竪穴建物の架構と平面

竪穴建物の架構と平面は、密接な関係がある。主柱を用いずにふたつの斜材をかけ、その頂部に棟木を渡し、そこから垂木を放射状に葺き下ろすと、小判型の平面になる。2本の主柱がある場合は棟木から地表に葺き下ろすので、長方形の平面になる。主柱を4本立てるようになると大規模になり、さらに多角形に柱を立てて垂木をかけて葺き下ろしていくと、より円形に近い平面になる

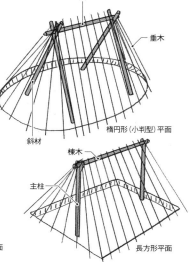

原始の建物

竪穴と掘立柱の違いは？

地面を掘って、その側面を壁として用いる竪穴建物に対して、掘立柱建物は地面を掘りくぼめずに地表面を生活面とし、柱を立てて、その上に屋根をかけています。掘立柱建物は縄文時代中期にはすでに発生しており、古墳時代には掘立柱建物を一般の住居として使用する集落もみられます。7世紀には、近畿地方で住居・倉庫としても用いられていました。

竪穴建物の伏屋式と壁立式

「伏屋式」は地表まで屋根を葺き下ろす形式で、軒下に空間がない。竪穴建物の大多数がこの形式である。「壁立式」は壁に沿って細い柱を並べ、側壁をつくったもので、軒下に空間があり、拠点集落の大型建物などで用いられた

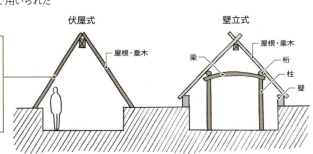

大型の竪穴建物
大型化する場合、梁間方向に拡大することは困難であるため、桁行方向に伸ばしていく。そのため、細長い大型竪穴建物が構成されるようになった

掘立柱建物の平面

掘立柱建物では柱を立て、梁や桁を組み上げて建物を構築していく。そのため、平面は正方形や長方形になることが多いが、多角形や六角形などの平面もみられる

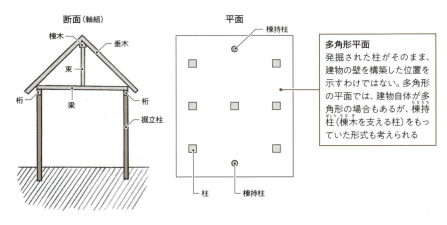

多角形平面
発掘された柱がそのまま、建物の壁を構築した位置を示すわけではない。多角形の平面では、建物自体が多角形の場合もあるが、棟持柱（棟木を支える柱）をもっていた形式も考えられる

独立棟持柱の役割

妻側の壁から離れた位置に棟持柱が建てられることがあり、これを「独立棟持柱」と呼びます。この独立棟持柱は、伊勢神宮に代表されるように、伝統的な建築のなかでも象徴性の強いものでした。掘立柱の場合、柱自体が自立するため、梁をかけないこともあります。その場合は棟木の通り（延長線上）に棟木を支える棟持柱を立て、棟木と並行する桁を支えるために柱列を立てることで、建物を成立させることもあります。

棟木と柱と梁

梁間1間で、梁をかけ渡さずに桁のみをかけることがある。この場合、棟通りの柱は棟木を直接支える構造的な役割を担っている

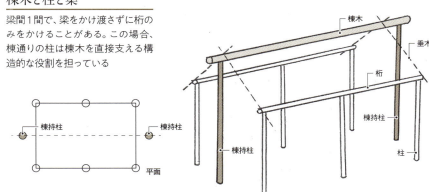

独立棟持柱と象徴性

独立棟持柱の場合、棟通りの柱が棟木を支えているが、建物の妻側の壁から大きく離して立てる構造上の必要性はなく、さらに片側のみに立つこともある。そのため、この独立棟持柱には象徴的な意味があるとみられる

独立棟持柱が両妻側ではなく、片側にだけ設けられる事例があることからもその象徴性がうかがえる

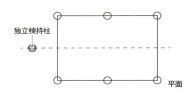
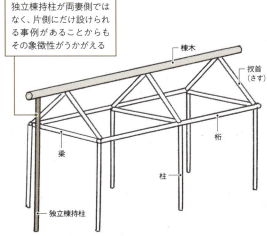

原始の建物

高床建物とは？

「高床建物」は地表よりも高い位置に床を張った建築で、高床住居や倉庫のほか、物見やぐらや宗教施設などの用途があったと推定されています。特に倉庫では湿気を防ぎ、風通しをよくすることが期待され、農耕が盛んになった弥生時代以降、高床倉庫は多く建てられるようになり、富の象徴となりました。

床の種類と構造

床を張る構造には、「土座」「平地床」「高床」などがある。高床の場合は、床を支えるため、外周だけでなく建物の内部にも柱を立てることがある

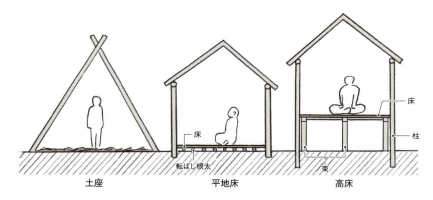

土座　　　　　平地床　　　　　高床

高床建物の平面

高床建物では、建物内部の各柱筋（はしらすじ）の交点にも柱が立つ場合もある。内部の柱が外周の柱と同じ大きさの場合と、外周よりも小さい場合があり、特に前者を「総柱建物（そうばしら）」という。総柱建物の多くは高床倉庫と推定されているが、支配者層の床張りの住宅として用いられた可能性もある

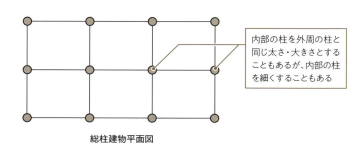

総柱建物平面図

内部の柱を外周の柱と同じ太さ・大きさとすることもあるが、内部の柱を細くすることもある

24　序章／建築史のはじめに

高床の支持構法

高床を支持するには、床板を支える大引や根太をどのように支えるかが課題となる。高床建物には、「屋根倉式」「造出柱式」「分枝式」「添束式」「大引・貫式」「累木式」がある

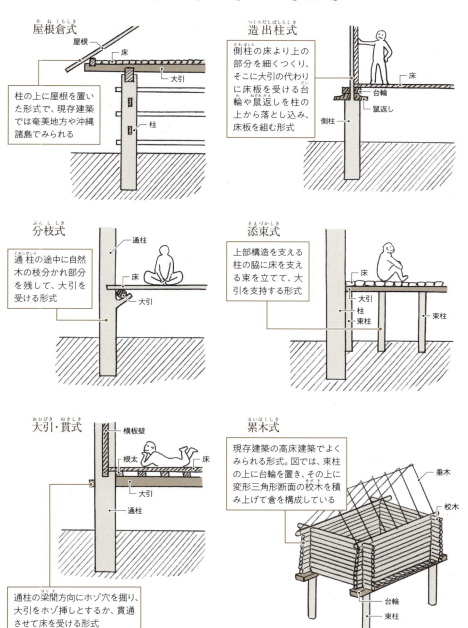

原始の建物　25

木造建築の仕組み

日本の伝統的な建築は木を組み上げて成り立っています。まず地盤に基礎を設け、その上に柱・梁・桁などの軸部を置きます。小屋組を構築し、垂木・小舞・野地板・葺材などで屋根をつくり上げます。寺社建築などでは柱の上に組物［34頁参照］を置いて、軒の出を大きくすることもあります。

軸組の構成

柱と柱の間に梁をかけ、それを連続させてその上に桁を置くと、基本的な建物のフレーム（軸組）ができ上がる。日本の大きな屋根を支える主役だ

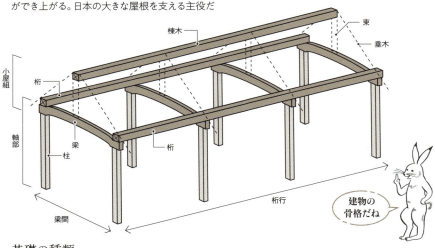

基礎の種類

歴史的建造物の代表的な基礎には「掘立柱」「礎石」「土台」の3つの種類がある。礎石は寺院建築で用いられるのに対し、神社では掘立柱や土台といった方法が多くみられる。これらの構法的な違いは、神社の淵源をうかがううえでも重要な特徴だ

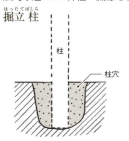

地面に穴を掘って柱を直接立てる方法で、地中深くまで痕跡が残る。昭和9年（1934）以降の法隆寺東院修理にともなう発掘調査によって、掘立柱の建築の存在が明らかになった

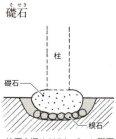

地面を掘りくぼめ、そこに礎石を据えて、その上に柱を立てる。礎石を固定するために、石の下に根石を置くことがある。現存建築の多くは礎石建ての建物である

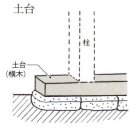

横木を地面の上に置き、その上に柱を立てる形式で、地下に痕跡はほとんど残らない。土台の形式の場合、建物の移動が容易である

屋根のかけ方

木造建築では、柱の上に小屋組を組むことで屋根をつくり上げています。屋根面を構成するために垂木をかけますが、垂木を支えるためには棟木や母屋桁(母屋)や軒桁(桁)が必要です。さらに棟木や母屋桁を支えるために小屋組がつくられ、その小屋組には「和小屋」「洋小屋」「合掌造」などさまざまな方法があります。

和小屋

梁の上に束を立て、束の上に母屋桁を置く小屋組。前近代から用いられる日本の伝統的な方法

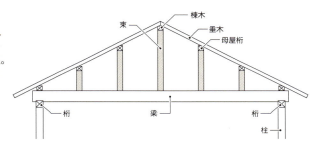

洋小屋

三角形を基本形として構成する「トラス」を用いる方法で、大スパンを用いるのに適している。キングポストトラス、クイーンポストトラスなど、さまざまな種類がある

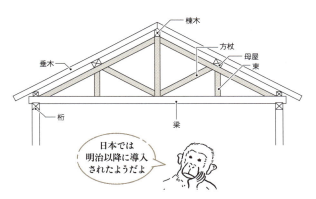

日本では明治以降に導入されたようだよ

合掌造(扠首組)

棟木の位置で2本の斜めの材を組む方法。小屋裏空間を広く使えるという利点がある。白川郷の合掌造が有名[190頁参照]

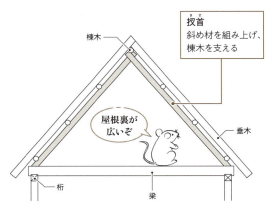

扠首
斜め材を組み上げ、棟木を支える

屋根裏が広いぞ

建物の仕組み　27

柱の配置と建物の拡がり方

木造建築では、柱・梁・桁を直交させて組み上げるため、平面は基本的に長方形になります。建物の規模を大きくする際に桁行方向に広げるのは簡単ですが、梁間方向を拡大するのは、長い梁を確保することが困難なこともあり、難しくなります。そのため、廂を設けることで梁間方向の拡大を実現させています。

建物規模と向きの表し方

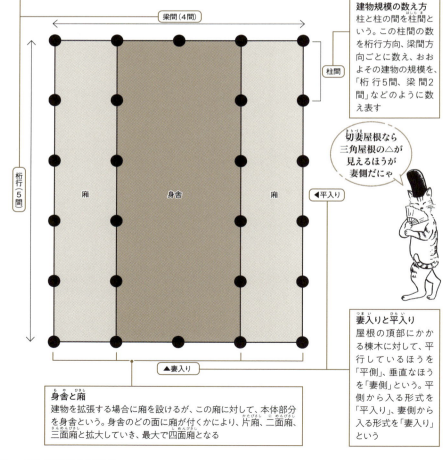

桁行と梁間
梁のかかる方向(棟木と直交する方向)を「梁間」、桁のかかる方向(棟木と並行する方向)を「桁行」という。多くの場合、桁行のほうが大きくなり、廻廊などのように非常に長い桁行の建物になることもある

建物規模の数え方
柱と柱の間を柱間という。この柱間の数を桁行方向、梁間方向ごとに数え、おおよその建物の規模を、「桁行5間、梁間2間」などのように数え表す

切妻屋根なら三角屋根の△が見えるほうが妻側だにゃ

妻入りと平入り
屋根の頂部にかかる棟木に対して、平行しているほうを「平側」、垂直なほうを「妻側」という。平側から入る形式を「平入り」、妻側から入る形式を「妻入り」という

身舎と廂
建物を拡張する場合に廂を設けるが、この廂に対して、本体部分を身舎という。身舎のどの面に廂が付くかにより、片廂、二面廂、三面廂と拡大していき、最大で四面廂となる

28 序章／建築史のはじめに

廂の付き方

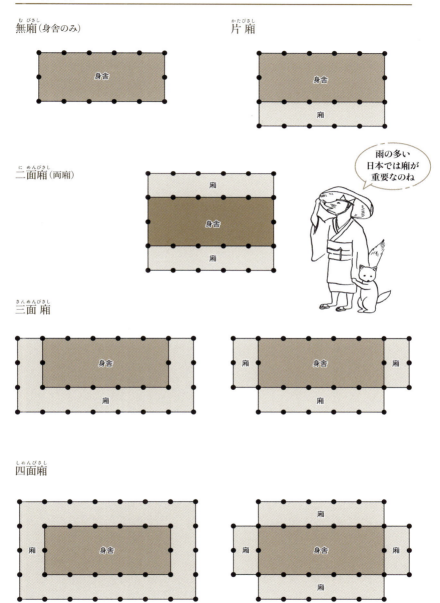

建物の仕組み　29

さまざまな屋根のかたち

屋根にはさまざまな形状があります。主な屋根形状には切妻造、入母屋造、寄棟造、宝形造があり、木造建築の基本構造や柱配置と深く関わっています。時代が下ると、多くの屋根形状を組み合わせた複合屋根も用いられるようになります。また、屋根を飾る破風も用いられ、変化に富んだ屋根が生み出されています。

基本的な屋根形状

切妻造
本を開いたまま伏せたような形状で、最も単純な屋根のかたち

寄棟造
台形と三角形を組み合わせた屋根形状で、入母屋造と似ているが、三角形の破風はできない

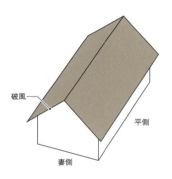
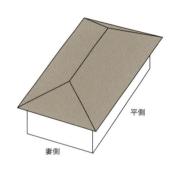

入母屋造
切妻造の四周に庇(ひさし)が廻ったようなかたちで、棟木(むなぎ)の近くに三角形の破風ができる

宝形造
正方形や正六角形、正八角形の平面の建物で用いられる屋根。一点を頂部とする錘(すい)のかたちの屋根となる

建物を見極めるにはまず屋根のかたちから！

30　序章／建築史のはじめに

破風の種類

破風とは本来、切妻造や入母屋造の屋根の三角形部分の端部を指すが、屋根面の途中に棟を突き出した部分のことも破風と呼ぶ

切妻破風
屋根にできる切妻造の破風

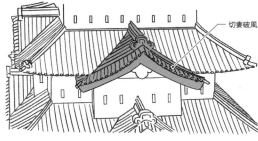

千鳥破風
千鳥破風は城などでよく用いられ、三角形の形状をしている。入母屋破風に似ているが、本体の屋根の途中部分に付いている

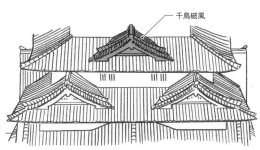

唐破風・軒唐破風
唐破風は凹凸を組み合わせた曲線で構成された屋根で、門や建物の正面に付加された向拝などに用いられる。軒先の一部分のみを凹凸の曲線の形状としたものを「軒唐破風」といい、城・寺社建築・住宅建築などで用いられる

入母屋破風
入母屋造の屋根にできる破風。千鳥破風に似ているが、あくまで入母屋根の一部を形成している破風を指す

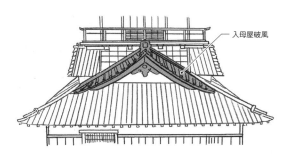

建物の仕組み 31

柱配置と屋根形状

木造建築の基本的な構成は、身舎のみの建物の場合は切妻造に片廂あるいは二面廂の屋根がのります。これが三面廂、四面廂となると、隅木をかけることができ、入母屋造や寄棟造のような屋根形状にすることも可能となります。

側柱と入側柱

建物の外周の柱を「側柱」といい、その内側の柱を「入側柱」という。四面廂の建物の場合、入側柱が身舎柱、側柱は廂柱となる

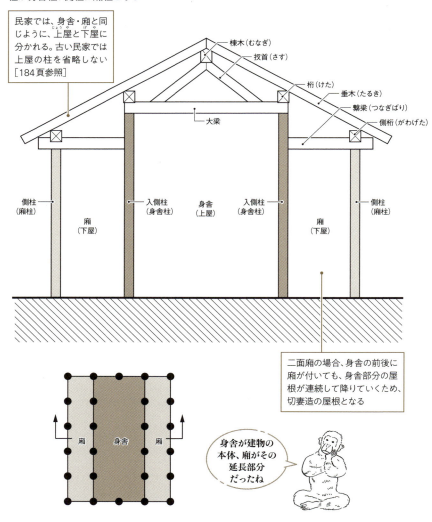

民家では、身舎・廂と同じように、上屋と下屋に分かれる。古い民家では上屋の柱を省略しない[184頁参照]

二面廂の場合、身舎の前後に廂が付いても、身舎部分の屋根が連続して降りていくため、切妻造の屋根となる

身舎が建物の本体、廂がその延長部分だったね

柱の配置と隅木

入母屋造、寄棟造、宝形造の場合には、隅に向かって降棟が必要となり、この部分を支えているのが隅木である。隅の柱から45°内側に入った入隅柱の間に隅木をかけ渡して、複雑な屋根形状を構成する

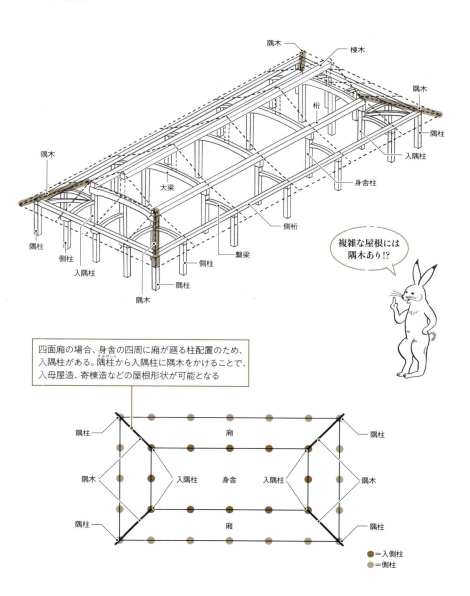

建物の仕組み　33

組物の構成

木造建築の特徴的な部位のひとつに「組物」があり、中国・朝鮮半島・日本など、東アジア各地で用いられています。組物には、軒先を飾るという役割に加え、軒の出を大きくして雨や日差しをコントロールするという役割もあります。つまり組物とは、意匠と構造の両面の役割を兼ね備えた重要な装置なのです。

組物を構成する部材

組物は、斗や肘木の組み合わせである。柱の上に置く大きな斗を「大斗」と呼ぶ。大斗の上に長い肘木を水平方向に置き、その上に巻斗を置く

屋根は垂木によって支えられ、垂木は棟木から桁にかけ渡される。そのため、軒の出を大きくするには、建物の最も外側にある桁(丸桁)を外側に持ち出す方法が有効となる

含み

桁(けた)

斗繰(とぐり)

巻斗(まきと)

肘木(ひじき)

繋虹梁(つなぎこうりょう)

大斗(だいと)

頭貫(かしらぬき)

柱

細かいパーツで支えあってるんだ!

組物の手先の数え方

壁の位置をゼロ(基準)として、丸桁が何手分持ち出されているのかによって、組物の手先を数える

組物を用いない場合、柱筋の上に桁を置く。手先の出る組物を用いることで、丸桁を柱筋よりも外側に持ち出すことができる

二手先・三手先などの大きな軒の組物では、斗や肘木だけではなく、斜め方向の部材を用いることがある。これを「尾垂木」という

壁芯(柱筋)

三手　二手　一手

丸桁

垂木

野梁

巻斗

肘木

大斗

台輪(だいわ)

柱

34　序章／建築史のはじめに

手先の出ない組物の形式

手先の出ない組物の場合、丸桁は柱筋上に位置する。舟肘木・大斗肘木・平三斗・出三斗などが代表的である

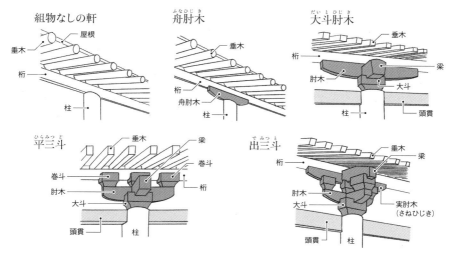

手先の出る組物の形式

手先の出る組物では、丸桁は柱筋から外側に持ち出される。出組→二手先→三手先の順に、組物による持ち出しが大きくなる

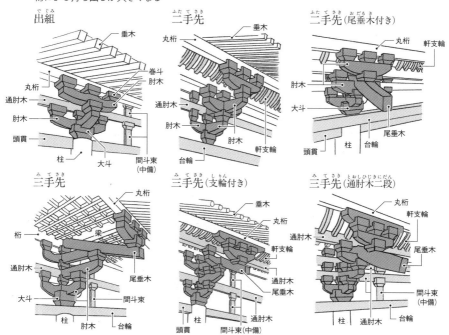

細部意匠　35

さまざまな門の構成

門は、敷地と外部、あるいはある区画の内外を仕切る塀などに開けた出入口ですが、門は通行のための場所ではありません。日本にはさまざまな形式の門があり、その形式は内部の空間の格を示す装置でもあり、門の正面を使って儀式を行うこともありました。

門の形式

門は桁行規模で七間門、五間門、三間門、一間門と数える。また、屋根の形状などによって単層門、二重門、楼門などの重層門に呼び分ける。そのため、五間門で楼門、七間門で二重門、などとなることもある

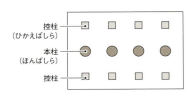
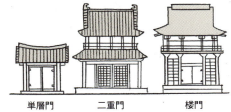

門の種類

五間門

桁行五間の門。平城宮（へいじょうきゅう）や平城京（へいじょうきょう）内の大寺の南大門（なんだいもん）などで建てられた。戸の数により、「五間三戸」のように呼ぶ

四脚門・八脚門

四脚門は一間門の単層門で、門扉が付く2本の本柱の前後に4本の控柱を設ける。本柱を生き物の身体に見立てると、前後4本の脚が出ている形式である。八脚門は三間門の単層門で、前後に8本の控柱が立てられる

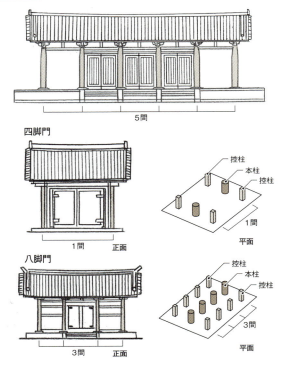

門は脚の数に注目にゃ

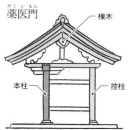

薬医門

単層門で、門の本柱の背後に控柱2本を立てる。棟木(むなぎ)の位置を本柱上から背面側にずらしている

棟門

本柱2本を立てた切妻造(きりづまづくり)の単層門を指す。控柱をもつこともあるが、この控柱には屋根がかからず、親柱(おやばしら)と接続して屋根を支える

高麗門

門扉の付く部分の屋根以外に、背面側の左右の控柱の上にも屋根がある門。城の門に多く用いられ、時代が下ると、寺社、町の出入口などでも用いられた

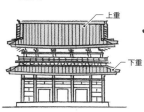

二重門

重層門で、上重、下重の二重の屋根がかかる形式の門。禅宗寺院の三門などでは、上層に仏像をまつることもある

楼門

重層門で、上層にのみ屋根が設けられ、下層が屋根をもたないものを指す

櫓門

城の門で、門の上に櫓(やぐら)をのせた形式。上層が石塁上に渡されるようにかかるものや、重層門として上層部に部屋を設けるものもある

長屋門

門の扉口の両脇に部屋が設けられる形式で、これらの部屋と門が一連の棟続きとなる。武家屋敷や裕福な農家などで建てられた

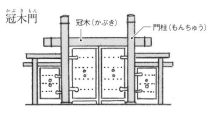

冠木門

2本の門柱と横木である冠木によって構成された門で、屋根は設けない

鐘楼門

重層門の上層に鐘をかける

竜宮門

重層門で、下層を漆喰塗り込めとする

門の種類　37

古建築の大工道具と現場のようす

木造建築は大工道具や工匠らに支えられてきました。大工道具の基本構成は、オノ・チョウナ・ノミ・ノコ・ヤリガンナなどで、これらの道具を職人が巧みに操っていました。その大工道具や造営の現場は、『春日権現験記絵』『松崎天神縁起絵巻』などの絵巻に描かれています。

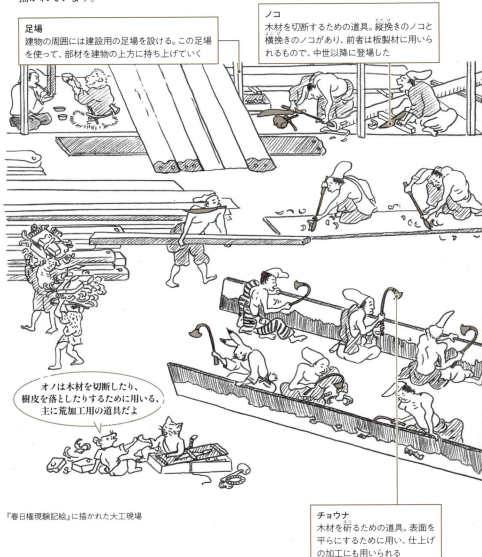

足場
建物の周囲には建設用の足場を設ける。この足場を使って、部材を建物の上方に持ち上げていく

ノコ
木材を切断するための道具。縦挽きのノコと横挽きのノコがあり、前者は板製材に用いられるもので、中世以降に登場した

オノは木材を切断したり、樹皮を落としたりするために用いる、主に荒加工用の道具だよ

『春日権現験記絵』に描かれた大工現場

チョウナ
木材を斫るための道具。表面を平らにするために用い、仕上げの加工にも用いられる

38　序章／建築史のはじめに

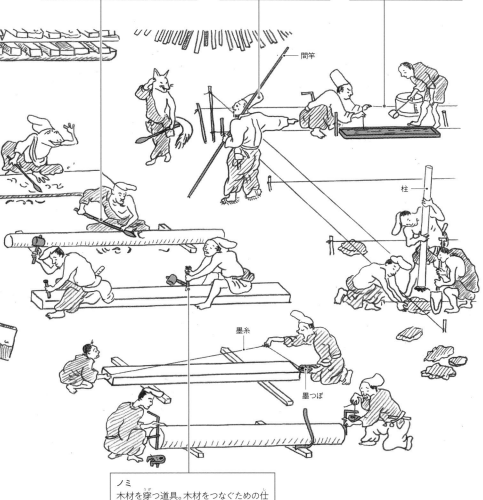

ヤリガンナ・ダイガンナ
木材を平らにするための道具で、細い幅を削って仕上げの加工を施す。中世以降、広い幅を平らに加工できるダイガンナが用いられるようになった

間竿を持った棟梁
烏帽子をかぶり、間竿（1間の長さを測るための竿）を持った人物は職人を指揮する棟梁とみられる

水糸と水ばかり
礎石を据えるために水糸を張り、木枠に水を入れて、水平を確認している

ノミ
木材を穿つ道具。木材をつなぐための仕口やホゾなどを刻むために用いられたほか、木材を割るためにも用いられた

大工道具と大工現場

第 1 章
都市の歴史

人口が増えてくると、都市が形成されます。古代には中国の都市計画である都城を参考に、藤原京・平城京・長岡京・平安京などがつくられました。律令制度の導入という国家の形成期に、インフラとしての都市も整備したのです。また、地方官衙が各地に設けられ、地方都市も展開していきました。中世以降、平安京は京都へと変貌していき、現代の京都につながっています。江戸時代には江戸をはじめとする城下町も成熟していきました。そこでは天守が街のモニュメントとして重要な存在であり、各地の城下町は今なお、その痕跡を残しています。建築の集合体を超えた都市の歴史を紐解いていきましょう。

古代の都城と遷都

7世紀以降、中国の都城を参考にした計画的な都城がつくられました。この時期、日本では中国から律令制度を取り入れて社会制度を整えていました。これと合わせて、律令国家にふさわしい都をつくり上げたのです。都城には宮殿・寺院のほか、貴族・庶民・僧尼らが集住し、大都市が構成されていきました。

古代の遷都の流れ

7世紀の日本の中心地であった飛鳥の北方に、最初の本格的な都城である藤原京が持統天皇8年(694)につくられた。その後、和銅3年(710)に平城京、天平12年(740)に恭仁京、天平16年に難波京、翌天平17年に紫香楽宮へと都が移され、同年中に再び平城京に還都した。延暦3年(784)には長岡京、そして延暦13年には平安京へと都を転々とした

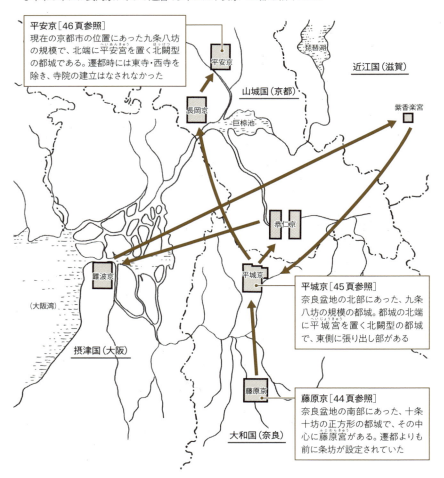

平安京[46頁参照]
現在の京都市の位置にあった九条八坊の規模で、北端に平安宮を置く北闕型の都城である。遷都時には東寺・西寺を除き、寺院の建立はなされなかった

平城京[45頁参照]
奈良盆地の北部にあった、九条八坊の規模の都城。都城の北端に平城宮を置く北闕型の都城で、東側に張り出し部がある

藤原京[44頁参照]
奈良盆地の南部にあった、十条十坊の正方形の都城で、その中心に藤原宮がある。遷都よりも前に条坊が設定されていた

都城の条坊制

都城は、東西に通る「条」と、南北に通る「坊」という道路によってグリッド状に構成された計画的な都市です。中央にはひときわ太い「朱雀大路」が設けられました。こうした条坊道路で囲まれた区画は、さらに「坪」という区画に分けられます。この坪を基本に、身分に応じた宅地の分配システムとして、藤原京や平城京では「宅地班給」がなされたことが文献史料などから確認できます。

条坊道路とは？

条坊道路には、「大路」「小路」がある。条は北から順に一条大路、二条大路、と呼び、坊は朱雀大路を中心に東側を東一坊大路、東二坊大路、西側を西一坊大路、西二坊大路と呼ぶ

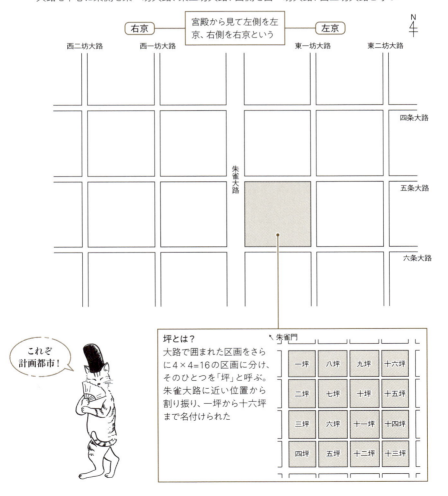

最初の本格的な都市・藤原京

藤原京は、日本で最初の本格的な都城です。唐の手法にならい、条坊による計画的な都市がつくられました。天武天皇によって計画された後、持統天皇に引き継がれ、持統天皇8年(694)に遷都しました。京内には、大官大寺や本薬師寺などの大寺院もつくられています。

調査でみえた"大藤原京"の姿

昭和54年(1979)以降の発掘調査によって、想定されていた藤原京の外側で条坊の側溝が発見され、想定していた藤原京よりも都城の範囲が大きいことが判明した。その後、京極(都城の周縁)が発見され、藤原宮を中心に据える「大藤原京」のかたちであったと考えられるようになってきた

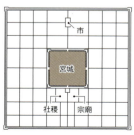

周礼考工記の理想郷

日本のほかの都城や唐の長安などの都城をみても、都城の中心に宮殿を置く形式はみられない。しかし、中国の『周礼』考工記には、大藤原京と似た理想の都の姿が描かれている。唐の情報が乏しいなか、書物に描かれた理想の都を目指して藤原京が建設されたと考えられている

かつての"藤原京像"

かつては平城京や平安京と同じく、藤原宮が都城の北方に位置すると考えられていた。この考えでは、畝傍山・耳成山・香具山の三山に囲まれた都城が想定されていた

奈良の都・平城京

平城京は宮殿を北端に置いた都城で、元明天皇によって和銅3年(710)に遷都されました。宮殿の正門の朱雀門から南へ、幅の広い朱雀大路が羅城門まで延びていました。東側の張り出し部には興福寺・元興寺などの大寺が設けられ、遷都当初から、この張り出し部も計画されていたことがわかります。奈良時代の後半につくられた東大寺や新薬師寺は、条坊の外側に位置していました。

平城京の姿

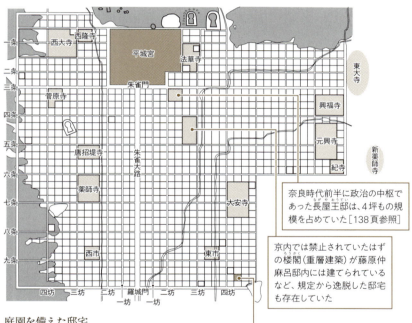

奈良時代前半に政治の中枢であった長屋王邸は、4坪もの規模を占めていた［138頁参照］

京内では禁止されていたはずの楼閣(重層建築)が藤原仲麻呂邸内には建てられているなど、規定から逸脱した邸宅も存在していた

庭園を備えた邸宅

平城京の大規模な邸宅には、庭園内に水を引き込み、苑池(えんち)を設けることもあった。曲水の宴(きょくすいのえん)[※]などの儀式を行うための遣り水(やりみず)も設けられ、長屋王邸や宮跡庭園で発見されている

宅地班給の区画

最も大きい宅地は1坪の規模で、身分に応じて、1/2坪、1/4坪、1/8坪、1/16坪、1/32坪と小さくなっていった

※ 参加者が曲水の脇に着座し、上流から流れる杯が自分の前を通り過ぎる前に詩歌を詠じ、杯を取り上げて酒を飲む儀式

千年の都・平安京

延暦13年(794)に桓武天皇によって長岡京から遷都された都で、宮殿を北端に置く形式でつくられました。三方を山に囲まれ、内部には賀茂川・桂川が流れています。その後も都であり続けましたが、地形的制約から西側の利用は活発になされず、平安時代中期には東側の白河の地が開発されました。

東側が栄えた平安京

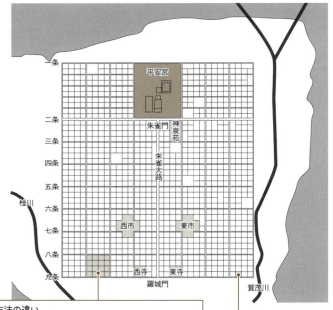

条坊の設計方法の違い

平城京では、条坊の芯々(道の中心線)で区割りを行い、そこから道路の幅を引いて坪の大きさを定めていた。しかし、この方法では坪ごとの大きさが異なってしまう。そのため平安京では、先に坪の大きさを決め、そこに条坊道路の幅を加えて設計するという方法に変えている。この方法によって、坪の大きさは均一になった

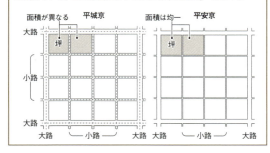

坪を分割する「四行八門制」

1坪をさらに再区分する方法で、東西を4分割、南北を8分割して、32分割する方法である。これが宅地としての最小単位で、1戸主と呼んだ

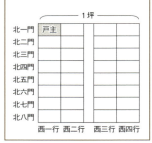

地方都市の構成

古代では、中央の都城と同じように地方を統治するための役所（官衙）が設けられ、その周辺には整然とした条里制による区割りが確認されています。また、鎌倉時代には鎌倉の都市開発がなされました。これらの都市では、都城と共通する軸性の強い直線道路や区割りという手法が用いられました。

地方官衙の都市

律令制のもと地方の統治がなされると、国・郡・里という行政区分ごとに、国府・郡家などが日本各地につくられた。その中心はそれぞれ、国衙・郡衙といい、中央の宮殿の空間構成と類似した空間構成の政庁が建てられた

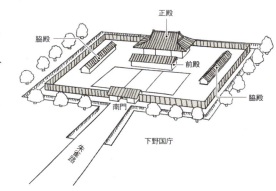

下野国庁

大宰府の都市構成

大宰府は古代の九州を統括し、軍事・外交を担った重要な行政施設である。そのため、外交接遇として鴻臚館、軍事施設として大野城や水城も設けられていた。また、大宰府内に置かれた筑紫観世音寺は奈良時代に戒壇が置かれた数少ない寺院だった

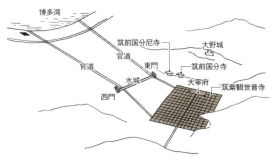

鎌倉の都市構成

鎌倉は12世紀後半に源頼朝によって幕府が開かれ、都市開発が行われた。鎌倉は三方を山に囲まれ、南には海が広がる地で、北方に位置する鶴岡八幡宮から南へ若宮大路が延びていく。若宮大路を中心に、御所や武家屋敷・町人地などが展開したが、必ずしも身分制度に応じた区分けはなされていなかったようである

都市の成り立ち　47

中世の平安京

平安京の右京は低湿な地で、平安時代に水害や疫病が流行すると、上級貴族の邸宅は左京へと移っていき、右京は衰退して農村化していきました。また、律令制の崩壊とともに、大内裏（宮城）から里内裏（私邸の内裏）へと平城京の役割も変容していき、やがて上京・下京を中心とする中世都市へと変化していきました。

衰退する右京、展開する左京

右京は立地条件が悪く、水難の影響もあったため、左京に生活の場が集中していった。さらに院政期には白河の地が開発され、さらに東側へと展開していった

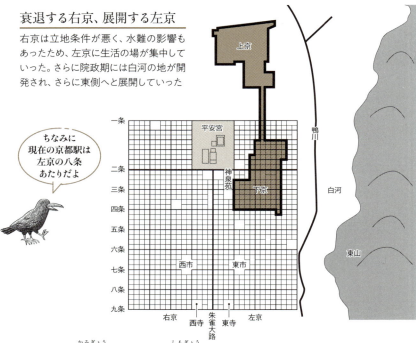

ちなみに現在の京都駅は左京の八条あたりだよ

政治の地・上京と商業の地・下京

右京が衰退した結果、京の中心地は南北に細長い形状になった。このなかで、13世紀には上・下という地域概念が発生し、14世紀には上京・下京という概念が顕在化した。上京は幕府や御所などの政治的中心地、下京は商業地として発展していった

上京

下京

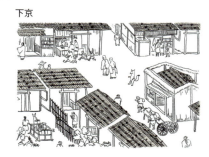

48　第1章／都市の歴史

豊臣秀吉の京都改造

中世の京都は、応仁元年(1467)に始まった応仁の乱などにより荒廃していました。また、都城の条坊による区割りは巨大すぎ、さらに戦国期においては防御性の低い都市でもあり、時代にそぐわないものでした。それゆえ、京都は天正13年(1585)以降の豊臣秀吉による寺町の移転、御土居の形成、天正の地割によって、都市改造がなされました。

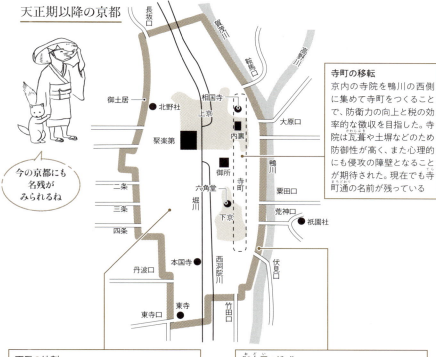

天正期以降の京都

今の京都にも名残がみられるね

寺町の移転
京内の寺院を鴨川の西側に集めて寺町をつくることで、防衛力の向上と税の効率的な徴収を目指した。寺院は瓦葺や土塀などのため防御性が高く、また心理的にも侵攻の障壁となることが期待された。現在でも寺町通の名前が残っている

天正の地割
商業が発展し接道が重要になると、町は通りを挟んだ両側に展開するようになるが、接道しない坪の中心部は有効活用されていなかった。そこで、坪の中央にさらに南北道を通し、接道面を増やした。御幸町通・間之町通などは、この天正の地割で新設された通りである

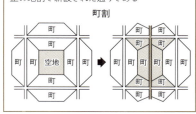

御土居の造成
御土居とは、洛中を取り囲むように設けられた土塁を指す。総延長23km、高さ3m以上、幅9m以上にも及び、幅4～18mの長大な堀を併設していた。ただし、御土居が交通の支障になるため、鞍馬口・大原口・荒神口・粟田口・伏見口・東寺口・丹波口などの出入口が設けられた

都市の成り立ち 49

城郭と城下町の成り立ち

戦国期以降になると、各地で城郭が建てられるようになりました。天守は太平の世になるにつれ軍事的な実用性が低下しましたが、武家による封建社会の象徴的な存在でもありました。また、領主の居城を中心に成立した都市として城下町が展開していくと、城下町は城の防衛・行政・商業などにおいて複合的な機能をもちました。

戦国期以降の城と城下町

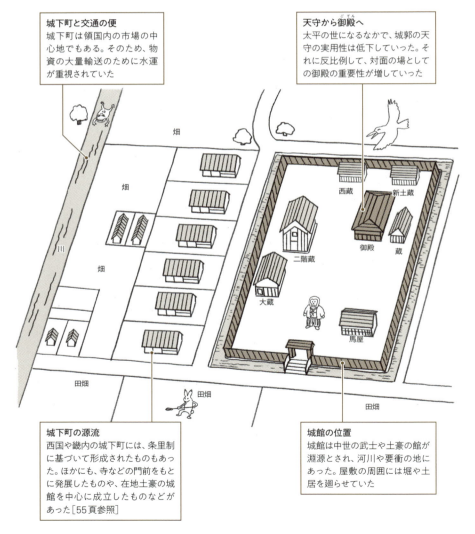

城下町と交通の便
城下町は領国内の市場の中心地でもある。そのため、物資の大量輸送のために水運が重視されていた

天守から御殿へ
太平の世になるなかで、城郭の天守の実用性が低下していった。それに反比例して、対面の場としての御殿の重要性が増していった

城下町の源流
西国や畿内の城下町には、条里制に基づいて形成されたものもあった。ほかにも、寺などの門前をもとに発展したものや、在地土豪の城館を中心に成立したものなどがあった[55頁参照]

城館の位置
城館は中世の武士や土豪の館が淵源とされ、河川や要衝の地にあった。屋敷の周囲には堀や土居を廻らせていた

城下町の構成

戦国期の城下町の中心である城は武士や土豪の館で、これらは交通路や主要河川の支配に適した要衝の地に置かれました。戦国期には城を山上に置き、ふもとに城下町がつくられることもありました。また、戦国期は近世の城下町のように集住しておらず、家臣の居住地域や市町・港などが、分散して配置されることもあったようです。

戦国期の城下町・一乗谷

戦国期の城下町は残っていないが、越前朝倉氏の本拠地であった一乗谷では、当時の建物や道が発掘調査によって明らかになっている。道の両側に町家が並ぶが、隣棟との間隔が広く、近世以降の町家とは様相が異なっていたようである［177頁参照］

町家

有事の際、寺院などの瓦葺の建物や塀は防御線となる施設として期待されていた

武家屋敷

城下町の基本構成
城下町では城に近いほうから順に、上級武家町・町人町・寺町を配置し、下級武士の邸宅は周縁部に配置されていた

城下町の成り立ち

城下町の種類

城下町が置かれた地には先行した都市の基盤があり、そこに社会が形成されました。なかには古代の条里制の影響を受けながら城下町が形成された例や、前身の村落を移転させて城下町とした例、町場を下敷きとした例などもありました。また、室町時代以来の城館が拡張され、近世の城下町へと変化した例もあります。城下町のかたち自体も時代につれ変化し、大まかな傾向として、商業発展に適合するために総郭型から町外郭型へ、縦町型から横町型へと変化していきました。

城下町の構成要素

城下町は、城郭・御殿を中心とし、城の周辺に武家地、武家地の外側に町人地、さらに外縁部に寺町が置かれる構成が基本である。寺院は瓦葺や土塀などの強固な構造であることから、有事の際の軍事拠点としても期待された。土塁や堀などの外郭の位置は時代ごとに変化していった

城　　武家地　　町人地　　寺院

城下町の種類① 総郭型

城郭や武家地だけではなく、町人地を含めて、すべて堀の内側に取り込む形式。非常に防御性が高い一方で、商業が発展していった場合、堀が交通などの障害となる

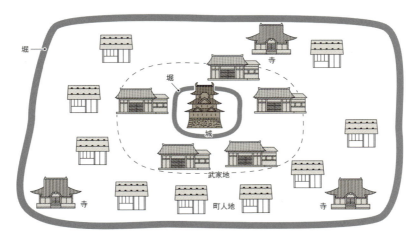

城下町の種類② 町外郭型

城郭や武家屋敷のみを堀の内側に置き、町人地を堀の外側に置く形式。町人地が堀の外側へと展開していくにあたっての阻害要因がないため、商業の発展には都合がよいという利点があった。総郭型と町外郭型の中間として、郭内と郭外の両方に町人地が広がる形式もあった

城下町の種類③ 縦町型

縦町型は、大手門から延びる道沿いに展開する城下町の形式である。縦町型では大手門から離れるにしたがって身分が低くなるという城郭との位置関係により、ヒエラルキーがあった。また交易の発展を考えた場合、街道と城下町の接続が難しいという欠点があった

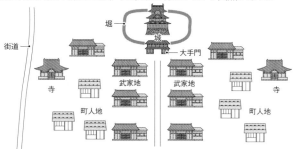

城下町の種類④ 横町型

横町型は、城郭に並行して道を走らせ、そこに町を展開する形式である。縦町型とは異なり、大手門の正面から延びる道ではないため、道の指向性が低く、比較的ヒエラルキーが生じにくい空間構成である。また、街道と城下町の接続もしやすく、交易にも適した構造である

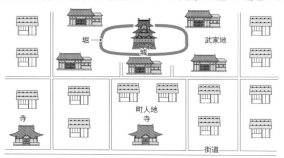

城下町の眺望

城下町の景観では、天守がとても重要なモニュメントとして存在していました。そのため、城下町の主要な地点や通りから天守が望めるよう、都市が設計されました。この見通しの景色を設計した"ヴィスタ(眺望)"は、近世の城下町の特徴を示しています。縦町型のヴィスタでは、目抜き通りと天守の関係性が強いのですが、横町型では目抜き通りと交わる街路を通してヴィスタが設定されました。江戸時代には城の天守は望楼型から層塔型[57頁参照]へと変化しており、ヴィスタの目標にふさわしいランドマークの外観をかたちづくっていました。

鳥取城のヴィスタ

鳥取では元和4年(1618)の城下の拡張にともなって、ヴィスタが設定された。本丸から城下の主要道路への見通しは軍事的な配慮によるものだという

仙台城のヴィスタ

仙台は大手門に通じる大町と奥州街道が交わる辻が中心地で、豪奢な町家が建てられていた。この町家はランドマークとして景観の一部であったが、ここから天守は望めず、代わりに大手門を望んでいた。天守のヴィスタは、この辻から南方の位置で確認できる

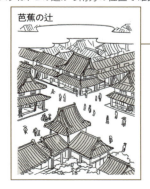

近世の都市の種類

近世には城下町以外にも、寺社の門前・宿場などに人が集住していました。これらに対して、都市の類型として「門前町」「宿場町」などの用語があてられています。また室町時代後期以降、浄土真宗(一向宗)を中心に、民衆の信仰を集めた宗教勢力が「寺内町」を形成しました。

門前町

寺社近郊の参道や街道の周辺につくられた町で、寺社の経営を支える商業や交易に関わる施設が設けられた。近世に入り参詣者が増加すると、参詣者のための芝居小屋や茶屋などもつくられた［172、174頁参照］

宿場町

江戸を中心とする五街道が整備されると、街道沿いに宿場が設置され、宿場町が発展した。また江戸時代には参勤交代もあり、宿場には大名が宿泊・休憩するための本陣・脇本陣が設けられ、本陣には門や座敷などの特別な構えが施された。このほか、人馬の継立をするための問屋や、宿泊者のための旅籠なども設けられた

寺内町

一向宗の門徒らを中心とした宗教都市で、寺院や道場を中心に武装化し、周囲に堀や土居を廻らせて都市を形成した。都市内部にはグリッドの道路が通された。近世以降、寺内町は解体されたが、交通の要所にあった寺内町は交易地として発展し、在郷町へと変化していった

在郷町

中世から近世にかけて農村部で形成された町場で、商品生産の展開にともない発展した。そのため、農村部の水運などの交通の要所であることも多い。城下町・宿場町・門前町とも似ているが、これらの町とは異なる点に、中心となる施設がないという特徴がある

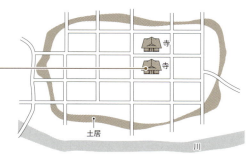

近世の都市の類型

城郭と天守の形式

戦国期から近世へと世が移り変わっていくにつれ、城郭の位置は、戦略上の利点を重視した山城から、平山城、平城へと変化していきました。城郭の天守には軍事施設・要塞としての機能がありましたが、次第に封建社会の象徴としての機能が強調されていきます。そして江戸時代に入ると、元和元年(1615)の一国一城令によって天守の造営や修理が制限されるようになりました。

城郭の種類① 山城

急峻な山の上に建てられた城。敵の監視や防御などにおいて利点があった。ただし、日常生活はふもとの館で行っていたようである。備中松山城、竹田城などが代表的である

備中松山城

城郭の種類② 平山城

平野のなかにある山や丘陵などに築城された城を指す。防御的な機能と政庁の役割を併せ持つ。彦根城や姫路城などが代表的である

彦根城

城郭の種類③ 平城

平地に築かれた城。石垣を用いることで、監視のための視界を確保できるようになり、江戸時代に多く建てられた。松江城や名古屋城などが代表的である

松江城

城郭の形式① 望楼型

初期の天守にみられるかたちで、入母屋造の屋根の上にさらに望楼をのせた形式である。犬山城や丸岡城などが代表的である

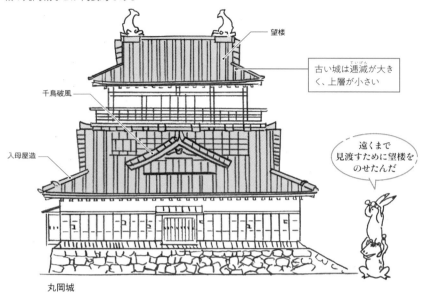

丸岡城

城郭の形式② 層塔型

同じかたちの構造物を何層も組み上げていく形式。松本城や備中松山城などが代表的である

弘前城

近世の都市の類型　57

江戸の都市設計と都市改造

徳川家康が入府した頃の江戸周辺は低湿地が多く、大開発が急務でした。江戸城の立地には台地の端部の立地が選ばれ、その東の日比谷の入り江は埋め立てられました。こうした江戸の都市計画は、明暦3年(1657)の明暦の大火を契機に、防火性能を向上させた都市へとさらに変貌を遂げました。

江戸の構成

江戸城は丘陵部の突端に位置し、江戸城内には当初、本丸・二の丸・西の丸や御三家の屋敷が設けられていた。江戸城の東側は日比谷の入り江を埋め、平場を形成した。江戸城の大手門から和田倉門外にかけての東側エリアに譜代大名、江戸城の南方に外様大名、西方に旗本や御家人が住んだ。また日本橋や銀座の周辺などには町人地が広がっていた

江戸のヴィスタ(眺望)
江戸では、本町通りや常盤橋から富士山が望める景観となっていた。また慶長期(1596～1615)の江戸城天守は中橋から望むことができたが、寛永期(1624～1644)の天守は位置を変え、日本橋から望むヴィスタとなった。明暦の大火以降、天守は再建されなかった

江戸を変えた明暦の大火

明暦の大火により江戸の都市の大部分が焼き尽くされると、木材が高騰し、幕府や藩の財政が圧迫されていった。そんななか、将軍補佐役の保科正之は天守の再建よりも市中の復興を優先させ、幕府の政権安定に貢献した

武家地・寺院の移転
明暦の大火では、江戸城内の被害も大きかった。都市改造の計画は大火以前からあったようだが、城内に置かれていた御三家の屋敷は城外各地に移転され、寺院の移転・分散配置も行われた

本所・深川の開発
墨田川はもともと東側の備えであったため、架橋が限られていたが、かえって火事からの避難の弊害となってしまった。復興後は墨田川に橋をかけ渡し、その東側の本所・深川の開発が進められた

広小路・火除地の造設
大火による類焼を防ぐために、道路が拡幅され、広小路や火除地が設けられた

建物の不燃化
土蔵造や瓦葺などの不燃化材料による耐火性能の向上がなされた。瓦は丸瓦・平瓦を組み合わせた本瓦葺から、軽量化のため両者を一体化させた桟瓦が開発され、普及していった

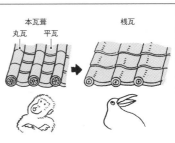

江戸の都市設計　59

明治維新と都市改造

明治維新によって幕府と藩による封建体制は崩壊し、城下町は大きく改変されました。城下町の中心であった城は破却・廃城されたものも多く、武家屋敷を手放す武士も少なくありませんでした。一方で、新政府のための役所や学校などの公共施設の設置が求められました。町人地などは密集していて大規模な敷地の確保が難しかったことから、城の敷地内に明治政府の官庁や学校などの新たな施設が設けられました。前近代の権威の象徴であった城に新時代の施設が置かれることで、権力の刷新を強く印象づけたのでした。

"土木県令"こと三島通庸

三島通庸

天保6年(1835)～明治21年(1888)。薩摩藩士で、明治維新後は東京府参事や鶴岡(酒田)県令、山形県令などを歴任した。「土木県令」とも呼ばれ、道路・疎水・都市改造など、多くの土木工事を強引に進めたことで知られる。奥州は明治政府に対する反乱分子も多かったが、インフラ整備による地方統治の能力が高く評価された

山形城と城下町の改造

三島通庸による都市改造のなかでも、山形城下の改造は大規模かつ特徴的だった。新道を開設し陸路による東京までの交通整備を行ったほか、洋風建築による旧山形県庁周辺の整備や旧済生館病院などの公共施設の建設を進めた。官庁街は羽州街道との接続に配慮し、山形城や山形城下町の中心部を外して設けられた。県庁(現・文翔館)を正面に、その両側に諸官庁や学校などが並ぶ近代的な官庁街を形成した

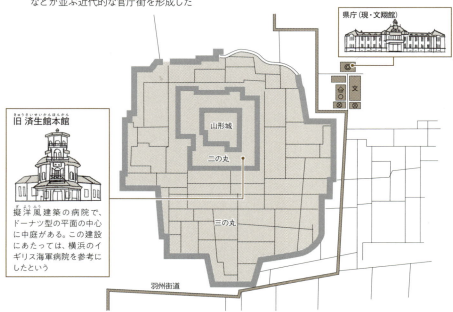

県庁(現・文翔館)

旧 済生館本館
擬洋風建築の病院で、ドーナツ型の平面の中心に中庭がある。この建設にあたっては、横浜のイギリス海軍病院を参考にしたという

鶴ヶ岡城と洋風学校

山形・鶴ヶ岡城は江戸時代、庄内藩酒井家の居城で、藩庁として用いられ、三の丸には藩校の致道館が設けられていた。明治4年の廃藩置県により廃城となり、明治9年には内部の建築物がすべて破却された。県令三島通庸は致道館に代わって洋風の学校(朝暘学校)を建設した

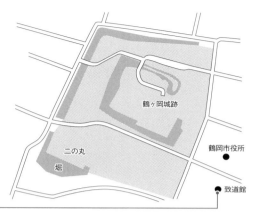

朝暘学校 (現存せず)

佐賀城と公共建築

佐賀城は外様大名の佐賀藩鍋島氏の居城(平城)で、明治時代初期の佐賀の乱によって大半の建造物が焼失した。明治4年の廃城により、城内に公共施設が多く建てられ、かつての二の丸には現在も県庁や合同庁舎、図書館・美術館・博物館・NHK・学校などの公共施設が立ち並ぶ

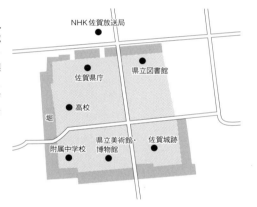

福井城と公共建築

福井城は江戸時代、福井藩主越前松平家の居城であり、明治維新後は陸軍省の管轄となった。現在は本丸跡として本丸の堀と石垣が残る程度だが、福井県庁、県会議事堂、県警察本部などの公共施設が置かれている

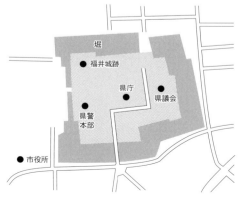

つわものどもが夢の跡、だね

明治の都市改造　61

第 **2** 章
神社仏閣の建築史

　建築技術の粋は、宮殿などの為政者の住宅と宗教建築に注力されます。日本では神社と寺院がそれにあたります。特に寺院建築は、法隆寺金堂以降、各時代の建築が残っており、建築技術の発展のようすを知ることができます。中世には和様・大仏様・禅宗様という様式がそろい、これらの様式は次第に混ざり合って、折衷的な建築となっていきますが、日本建築を理解するうえでも大きな手掛かりとなります。神社本殿は寺院建築と対比的な建築として位置づけられますが、中世以降、寺院建築の要素も持ち込まれていきました。また「式年造替」という定期的な社殿の更新システムも特徴的です。これらの神社仏閣は、日本建築史のメインストリームと言っても過言ではありません。

自然信仰と建築

神社建築の創立以前から、日本には自然信仰が存在していました。これらの原始的な信仰では、山、巨木、太陽、泉などが信仰の対象となりました。日本神話の天岩戸(あまのいわと)に代表されるように、建築物というよりも、自然のなかにあるものを信仰の対象としたのです。また、巨木を切り出した柱などが信仰の対象とされることもありました。

ご神体は山・大神神社(おおみわじんじゃ)

大神神社では、その背後にある三輪山をご神体としている。つまり自然物そのものが信仰の対象で、本殿(ほんでん)という建築形式を必ずしも必要としなかった

御柱(おんばしら)を備えた諏訪大社(すわたいしゃ)

諏訪大社では、境内の四隅に立てる御柱という巨木に対する信仰が強い。伐採・運搬・立柱ごとに祭事を執り行う、御柱祭が有名である

琉球の聖地・斎場御嶽(せーふぁうたき)

琉球王国最高の聖地のひとつで、信仰対象となる久高島(くだかじま)を遥拝する斎場である。その遥拝所に至る前に、象徴的な岩の間につくられた三角形のトンネルがある

岩戸隠れの伝説・天安河原(あまのやすがわら)

宮崎県高千穂地方には天岩戸神社があり、アマテラスの岩戸隠れの際に、八百万(やおろず)の神々が集まったとされる。自然地形としてつくられた巨大な洞窟に神聖性を見出している

生まれ変わる神社建築

神社には、定期的に社殿を更新する「式年造替」「遷宮」という慣習があります。木造建築は経年によって劣化していくため、定期的に社殿の更新を行い、新たな命を吹き込むのです。伊勢神宮では、20年ごとにすべての社殿を建て替えることでも有名です。

ふたつの敷地とふたつの社殿

伊勢神宮では20年ごとに遷宮を行うため、同形同大の敷地がふたつ並んでいる。式年遷宮の際には、まず隣の敷地に新しい社殿が建てられる。そこに神が移ると、旧社殿が取り壊されるのである。そのため、遷宮の際の一定期間にはふたつの社殿が並んで建つことになる

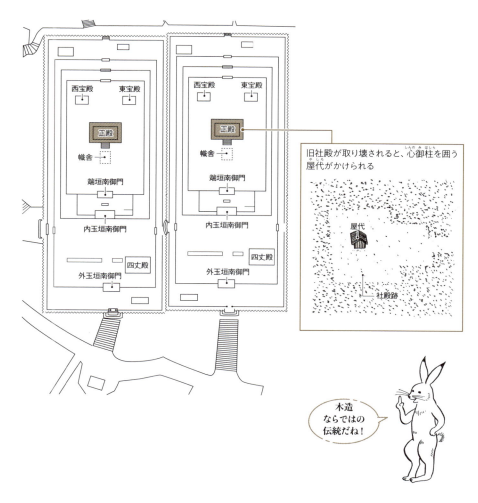

古式の神社本殿の形式

神社は式年遷宮による社殿の建て替えがあるため、初期の神社建築がそのまま残ることはなく、伊勢神宮・出雲大社・住吉大社のいずれの社殿も、江戸時代以降の建築や復古による建築です。ただし、これらの社殿はほかの神社の本殿にはみられない古式かつ独特な特徴を示していることから、それぞれ「神明造」「大社造」「住吉造」と呼ばれています。

住吉大社の住吉造

桁行4間、梁間2間の切妻造、妻入りの本殿で、前方2間の外陣と後方2間の内陣に分かれ、その境には板扉が設けられる。本殿は一室空間であることが多いため、この二室構成は特殊な形式である。また、内部は床張りだが縁がない。直線の屋根の上に置千木・勝魚木を置いている

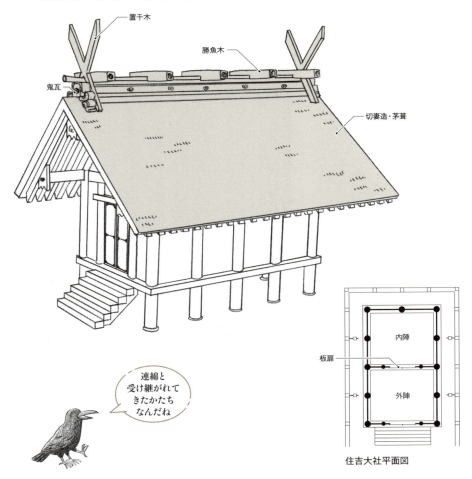

住吉大社平面図

伊勢神宮の神明造

伊勢神宮の正殿は「唯一神明造」と呼ばれ、切妻造・平入り・掘立柱で、茅葺の屋根がかかる。妻側には壁から離れた位置に独立棟持柱が立ち、屋根上には、破風が伸びて突き抜けた千木、棟木上の勝魚木がある。全体としては直線的な部材による構成で、彩色は用いられない。桁行中央間の板扉以外は板壁で、床下には心御柱が置かれている

勝魚木
棟木の上に置かれた横木で、棟木と直交する。千木とともに、古墳時代以来、宮殿などの象徴的な建物に用いられる意匠的な部材であった

千木
屋根の端部で交差した形状の部分で、棟木より上に伸びる。元来、破風板を延長させていたものであったが、時代が下ると、破風と千木が別の部材となる置千木の形式となった

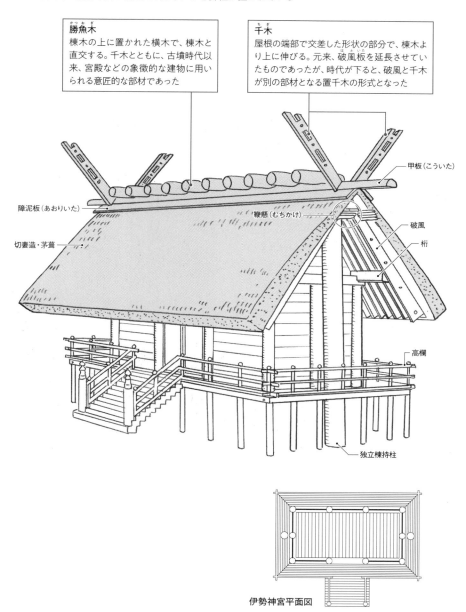

伊勢神宮平面図

神社建築の基本

出雲大社の大社造

桁行2間、梁間2間の平面で、切妻造・妻入りとする。正面右側に階段と階隠しの屋根をかける。中央には心御柱が立ち、屋根上には千木・勝魚木が置かれ、棟持柱が用いられている

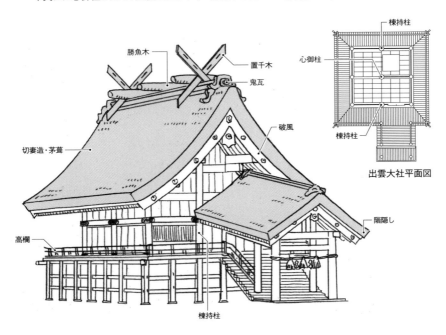

出雲大社平面図

かつての出雲大社

古代の出雲大社は、現在よりも高い社殿であったとみられ、棟持柱・千木・勝魚木による構成であったと推定されている。中世以前の建築のため、貫（ぬき）を用いない構造で、柱も太かったとみられる

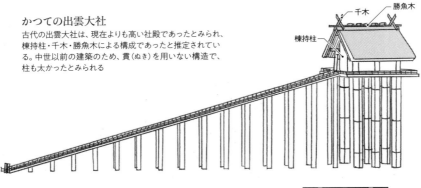

束ねた太い柱で高い社殿を支えていたのか〜

中世の『金輪御造営指図』では3本の柱を束ねた形状が描かれ、発掘調査でも同様の束ねた柱が発見された

平面図

68　第2章／神社仏閣の建築史

神社本殿のかたち

鳥居に代表されるように、神社では象徴的で独特な意匠が多々みられます。本殿にも千木や勝魚木などの特徴的な細部意匠が用いられ、葺材に植物性の材料を用いることも多いです。ただし、古い本殿形式を示す建築では複雑な組物は用いられません。伊勢神宮の神明造、出雲大社の大社造、住吉大社の住吉造が神社本殿の古式な形式と考えられていますが、いずれも廂の付かない身舎のみの形式で、切妻屋根です。これに対して、春日造や流造[次頁参照]では身舎の一面に廂が付く形式としています。

廂なしの本殿—神明造・大社造・住吉造

古式を示すと考えられている本殿は、平入り・妻入りの違いはあるが、いずれも身舎のみで廂の付かない形式。側柱で切妻造の屋根を支えている

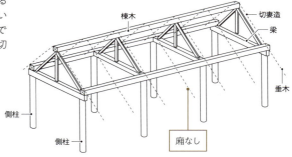

廂付きの本殿—春日造や流造

流造や春日造は、よくみられる神社の形式である。身舎の一面に廂が付き、妻側に付くものを春日造、平側に付くものを流造という

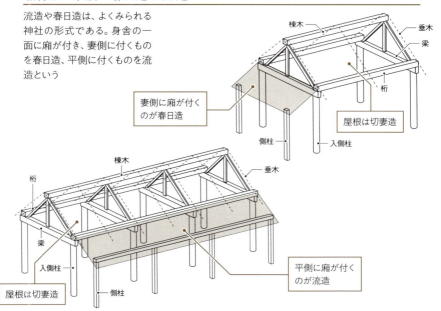

神社建築の基本　69

流造の特徴

流造は春日造とともに日本で数多く用いられている形式です。土台の上に柱を立て、切妻造で平入りの身舎の正面に廂を付けています。代表的なのは賀茂社で、桁行を3間とする「三間社流造」が多くみられます。桁行1間や5間以上のものもみられます。

三間社流造

賀茂別雷神社・賀茂御祖神社は、桁行3間、梁間2間の正面に廂が付いた三間社流造で、いずれも流造のなかで発展した形式である。身舎を丸柱、廂を角柱とし、正面中央間のみ板扉で、それ以外を板壁とする。流造に三間社が多い理由のひとつとして、賀茂社の影響がうかがえる。賀茂社の系統では、千木・勝魚木を用いない

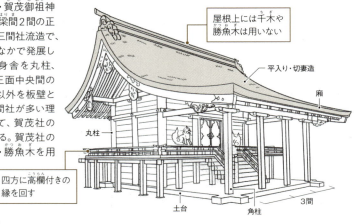

- 屋根上には千木や勝魚木は用いない
- 平入り・切妻造
- 廂
- 丸柱
- 四方に高欄付きの縁を回す
- 土台
- 角柱
- 3間

一間社流造

宇治上神社本殿は日本最古の神社本殿で、流造である。内部に3棟の一間社流造が並び、左右の内殿は覆屋の屋根と一体化している

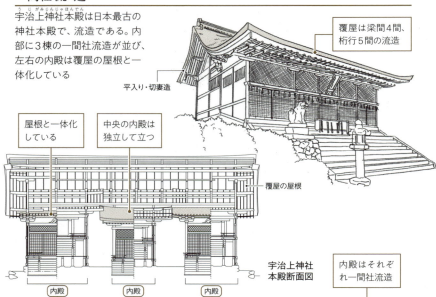

- 覆屋は梁間4間、桁行5間の流造
- 平入り・切妻造
- 屋根と一体化している
- 中央の内殿は独立して立つ
- 覆屋の屋根
- 宇治上神社本殿断面図
- 内殿はそれぞれ一間社流造
- 内殿

春日造の特徴

春日造は春日大社で用いられ、流造とともに日本で数多く用いられている本殿の形式です。土台の上に建て切妻造・妻入りの身舎の正面に廂を付け、屋根の上には千木・勝魚木を置きます。屋根のかけ方によって隅木の有無の違いがあり、そこに地域性がみられます。

春日造の代表例

春日大社
春日大社は藤原氏の氏神をまつり、同じく藤原氏の氏寺である興福寺の東方の春日山にある。春日造の本殿の4社をまつっている。春日大社では隅木は用いない

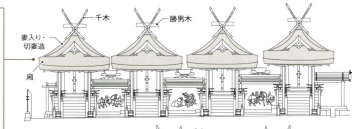

円成寺
円成寺には最古の春日造の春日堂・白山堂が現存する。正面の廂の垂木をかけるための煽破風が付く。切妻造・妻入りで、正面に廂が付き、正面のみに縁・脇障子が設けられる。組物の使用や繁垂木など、古制からの変化もみられる。ここでも隅木は用いない

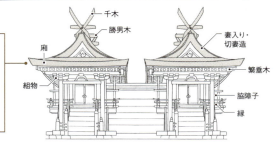

春日堂　　　白山堂

隅木の有無と地域性

春日造では切妻造の妻側正面に廂が付くため、身舎と廂の取り合いが悪くなる。そのため、正面側に隅木を用いて、入母屋造のようにして垂木をかけることで、その課題を解決している。身舎と廂が一体化したことで、複雑な組物の使用が可能となった。なお隅木なしの春日造は、春日大社に近い奈良北部周辺・大阪・和歌山北部・京都南部に集中しており、非常に強い地域性を示している。それ以外の隅木入り春日造の地域とは混じらない

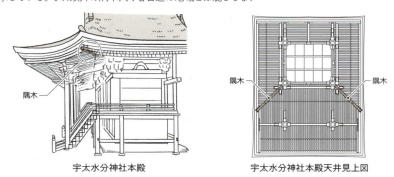

宇太水分神社本殿　　　宇太水分神社本殿天井見上図

神社建築の基本　71

八幡造の特徴
はちまんづくり

八幡造の代表的な神社は宇佐神宮で、切妻造の社殿を2棟並べた形式です。建物を2棟並列に並べる形式は、双堂[※][90頁参照]でもみられます。寺社の双堂の場合は正面側が礼拝のための空間、奥側が仏の空間というように別々の性格の空間となりますが、神社の場合は2棟とも神のための空間となります。

八幡造の代表格・宇佐神宮

切妻造の社殿を2棟並べる形式。この形式の社殿が3棟並び、屋根はそれぞれ連続しない。前殿・後殿の間に相の間を設け、その間に樋受けを設ける

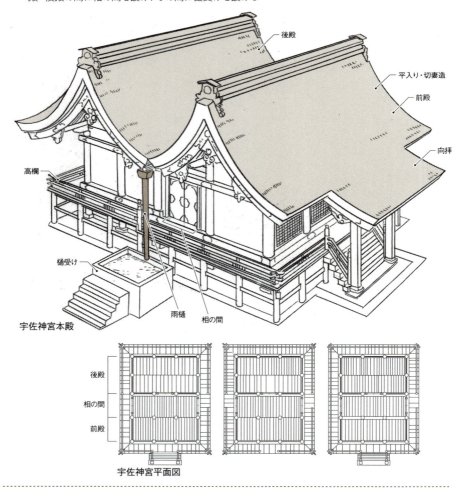

※ 双堂はならびどう、そうどうとも読む

日吉造の特徴

日吉造は日吉大社でみられる形式で、身舎の三面に廂を廻らせ、入母屋造の屋根をかける形式です。入母屋造の屋根ではありますが、千木や勝魚木は置かれず、さらに背面側に廂が廻らないため、背面側の屋根は切り落とされたようなかたちになっています。床が高く、その床下は下殿と呼ばれる参籠の場で、神仏習合の形態をよく示しています。

日吉造の代表格・日吉大社

日吉社の東本宮（二の宮）本殿は仁和3年（887）の創建、西本宮（大宮）本殿は寛平2年（890）の創建である。桁行3間、梁間2間の身舎に、前面・両側面の三面に廂を廻らせている

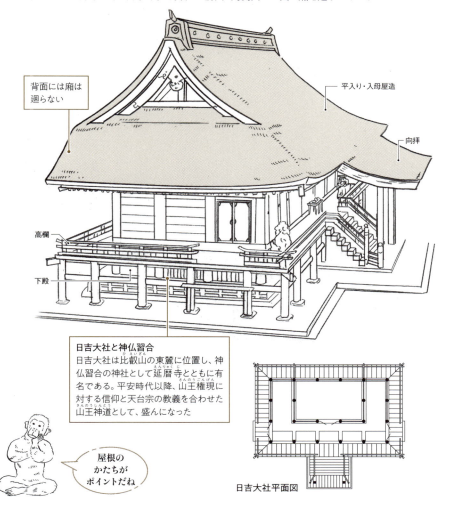

背面には廂は廻らない

平入り・入母屋造

向拝

高欄

下殿

日吉大社と神仏習合
日吉大社は比叡山の東麓に位置し、神仏習合の神社として延暦寺とともに有名である。平安時代以降、山王権現に対する信仰と天台宗の教義を合わせた山王神道として、盛んになった

屋根のかたちがポイントだね

日吉大社平面図

神社建築の基本　73

寺院を構成する諸建築

寺院では、悟りの体現者である「仏」、仏の教えである「法」、法を学ぶ仏弟子である「僧」の3つを「三宝」といい、非常に重要視されています。この三宝に合わせて、仏のための金堂(仏像)・塔婆(仏舎利)、法のための講堂(論議)・経蔵(経典)・鐘楼(鐘の音)、僧のための食堂(斎食)・僧房(居住)などの建物が建てられました。これらの寺院建築の中心的な建物を「七堂伽藍」といいます。その配置を「伽藍配置」といい、並べ方にさまざまな特徴がありました[76頁参照]。

金堂

本尊をまつる仏堂。中心的な建物のひとつ[78頁参照]

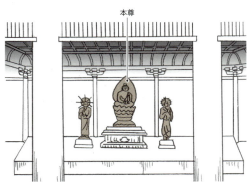

塔

仏の骨である仏舎利をまつる施設。金堂と並んで重要な建物のひとつ[79頁参照]

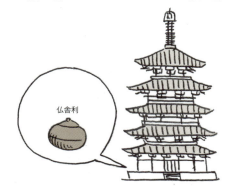

講堂

論議をするための施設で、金堂の背面側に置かれることが多い[78頁参照]

74　第2章／神社仏閣の建築史

経蔵(きょうぞう)

経典を納めるための施設。
2階建の形式とすることも
多い[81頁参照]

鐘楼(しょうろう)

時間を告げるための施設
で、経蔵と対称の位置に置
かれることが多い

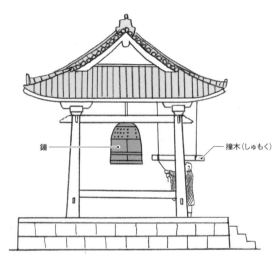

鐘 ─── ─── 撞木(しゅもく)

食堂(じきどう)

僧が集まって食事をするための施設

僧房(そうぼう)

僧が生活するための場。細長い建物で、
小部屋(房)が連なっている[80頁参照]

寺院建築の基本 75

寺院の伽藍配置

寺院内には用途に合わせて多くの堂塔が建てられ、その配置を「伽藍配置」といいます。飛鳥時代から奈良時代にかけては塔と金堂が主要な建物で、これらが中心に置かれ、廻廊で囲まれていました。特に塔が重要視されていたので、塔に着目することで伽藍配置の変遷がみえてきます。奈良時代以降は法会(儀式のための会合・集会)が重視されるようになり、金堂のある一角から塔が外に出るようになっていきます。

主な伽藍配置形式

四天王寺式
塔・金堂を中軸線上に並べ、これらを廻廊で囲む形式。朝鮮半島にもみられる形式である

四天王寺

法隆寺式
東に金堂、西に塔を並べて建てる形式で、これらを廻廊で囲む。法起寺式の伽藍配置と東西が逆の関係にある

法隆寺

法起寺式
東に塔、西に金堂を並べて建てる形式で、これらを廻廊で囲む。法隆寺式の伽藍配置と東西が逆の関係にある

法起寺

双塔式
金堂の前面に東西ふたつの塔を並べる形式で、中国や朝鮮半島などで7世紀後半に用いられた。薬師寺(やくしじ)などでみられる形式である

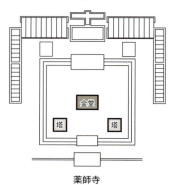

薬師寺

さまざまな寺院の配置

興福寺の伽藍配置
廻廊で囲まれた金堂の一画から塔が外に出て、金堂前面が儀式のための空間として確保されている

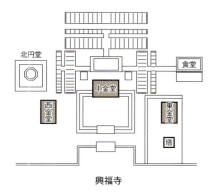

興福寺

東大寺の伽藍配置
東大寺では東西の塔が建てられ、塔の周囲を廻廊で囲んで塔院を形成している。金堂院は中門から金堂（大仏殿）まで廻廊が廻り、金堂の背後には講堂が置かれた

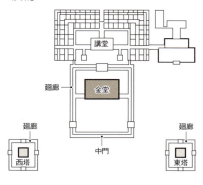

東大寺

山林寺院の伽藍配置
山林寺院では平地伽藍とは異なり、地形に応じて建物が配置されたため、堂塔が点在した［87頁参照］

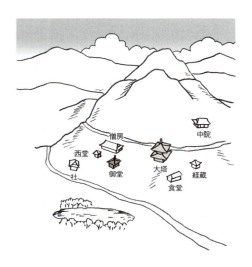

禅宗寺院の伽藍配置
禅宗寺院の伽藍配置は、鎌倉時代末期の「建長寺指図（けんちょうじさしず）」から知ることができる。三門（惣門）・仏殿・法堂が一直線上に並び、ビャクシンの木が左右対称に並べられた

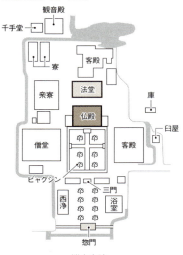

禅宗寺院

寺院建築の基本

金堂と講堂の特徴

金堂は本尊をまつる建物で、寺院のなかでも特に重要な施設です。そのため、屋根を二重にした「二重仏堂」としたり、手先に大きな組物を用いたりして、荘厳な印象を引き立てました。講堂は僧侶が経法を講じたり、儀式を行ったりする主要な堂のひとつですが、本尊をまつる金堂に比べると重要度は低く、組物や屋根形状などを変えることで建物の格式を下げて表現していました。

ご本尊をまつる金堂

法隆寺金堂
法隆寺金堂の屋根は二重となっているが、上層に上ることはできない。下層は身舎と廂で構成され、その周囲に裳階が廻る。身舎部分に須弥壇を設け、本尊の釈迦三尊をまつっている。廂の部分には壁画が描かれ、仏の世界を表現している

入母屋造 / 裳階

唐招提寺金堂
8世紀後半に建てられた金堂で、桁行7間、梁間4間で単層、寄棟造である。身舎・廂の柱配置であるが、正面1間を吹放しとしている。これはかつて両脇に回廊が取り付いていたためである。興福寺のような京内の第一級寺院では、唐招提寺金堂の規模の建物四周にさらに裳階が付き、二重屋根の金堂とすることが多い

寄棟造 / 吹放し / 三手先の組物を用いて軒の出を大きくしている

集いの場は講堂

入母屋造

唐招提寺講堂
講堂は多くの僧が集まるため、桁行規模が金堂よりも大きい。唐招提寺講堂はもとは平城宮東朝集堂を移築したもの[133頁参照]。桁行9間、梁間4間の入母屋造で、金堂の背面に建っている

創建時の講堂の組物は平三斗だったが、中世に出三斗に改造している。この組物の違いからも、金堂が講堂よりも格上として扱われていたことが読み取れる

塔の特徴

塔では釈迦の遺骨である仏舎利をまつっています。もともとはサンスクリット語で「ストゥーパ」と呼ばれ、ストゥーパが漢訳されて卒塔婆となり、日本では塔婆、あるいは単に塔と呼ばれています。三重塔・五重塔などの屋根を重ねた形式のものや、密教寺院に設けられた多宝塔などがあります。上層にいくにしたがって平面が小さくなる「逓減」という手法が用いられ、高層の塔は寺院のシンボル的な存在となっています。

塔の平面構成

日本の塔は、心柱を中心に立て、その周囲に四天柱、さらにその外側に方三間の側柱を立てるのが一般的な構成である

塔の構成要素

心柱を支える礎石を心礎という。心礎には舎利孔を掘り、仏舎利を納めることもある。心柱は頂部まで立ち上がり、相輪を支える

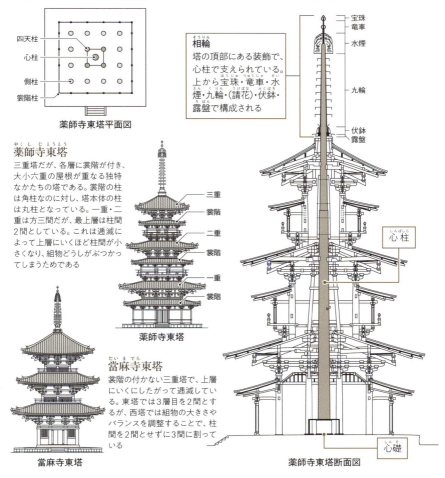

相輪
塔の頂部にある装飾で、心柱で支えられている。上から宝珠・竜車・水煙・九輪・(請花)・伏鉢・露盤で構成される

薬師寺東塔
三重塔だが、各層に裳階が付き、大小六重の屋根が重なる独特なかたちの塔である。裳階の柱は角柱なのに対し、塔本体の柱は丸柱となっている。一重・二重は方三間だが、最上層は柱間2間としている。これは逓減によって上層にいくほど柱間が小さくなり、組物どうしがぶつかってしまうためである

當麻寺東塔
裳階の付かない三重塔で、上層にいくにしたがって逓減している。東塔では3層目を2間とするが、西塔では組物の大きさやバランスを調整することで、柱間を2間とせずに3間に割っている

僧房の特徴

僧侶の生活の場である僧房は、講堂の背面や側面に配置されました。大寺院では講堂の三面に置かれ、これを「三面僧房」といいます。僧房は小部屋が連続して構成されるため、細長い建物になります。大規模な寺院では、上位の僧侶のための大房と従者のため小子房が中庭を介して立ち、僧房を構成しています。塔・金堂・講堂のような仏堂とは異なり、組物を用いず、たとえ用いたとしても簡素な組物に限られました。

創建当時の面影を残す法隆寺東室・妻室

東室は僧房の大房にあたる建物で、西院伽藍の東側に位置し、妻室と並行して建つ。桁行12間、梁間4間の細長い建物で、南端は聖徳太子をまつる聖霊院に改造されている。妻室は僧房の小子房にあたる建物で、桁行27間、梁間2間の非常に細長い建物である

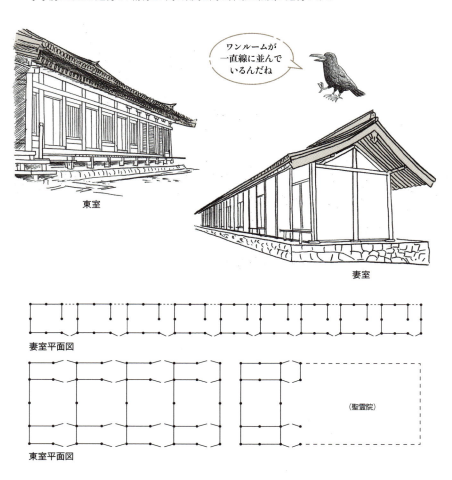

東室

ワンルームが一直線に並んでいるんだね

妻室

妻室平面図

(聖霊院)

東室平面図

倉庫の特徴

寺院には、経典や宝物、文書、油などを納めるため、多くの蔵が設けられました。現存する寺院の奈良時代の倉は校倉で、高床の上に変形三角形断面の校木を積み上げて壁面を構築しています。また、寺院の財産目録である資財帳や地方の税について記録した正税帳からは、板倉・丸木倉などの倉庫があったことも知られています。

30×20の完数尺・東大寺法華堂経庫

平面規模が桁行30尺、梁間20尺という完数尺[※1]による設計で知られる。校倉の場合、校木の長さが基準となって設計された可能性がある。通常の仏堂とは異なり、組物の手先が桁行方向・梁間方向の2方向にしか持ち出されていないという特徴がある

校倉造の代表格・正倉院正倉

正倉院正倉は北倉・中倉・南倉の3つから構成され、北倉・南倉は校倉、中倉は板倉である。中倉のみ板倉としたのは、桁行が長く一丁材[※2]の校木を確保できないための工夫であろう。かつては3つの倉の造営時期が異なる可能性も考えられていたが、年輪年代学の調査により、現在は同時期の造営であると考えられている

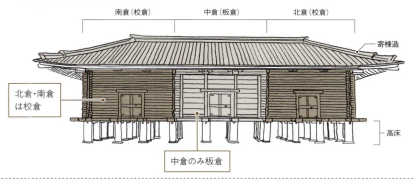

※1 整数値で割り切れる尺
※2 複数の材を継ぐのではなく、一本の材でできた材のこと

寺院建築の基本 81

寺院の細部意匠

飛鳥時代の現存建築は限られていますが、奈良時代以降のものとは大きく異なる細部意匠が散見されます。特に雲斗・雲肘木は法隆寺・法起寺・法輪寺など、斑鳩周辺に集中してみられる細部意匠です。奈良時代以降になると律令体制が整えられて官が技術者を集めるようになり、技術が画一化し、細部意匠も共通する形式へと整えられていきました。

飛鳥時代・法隆寺の組物

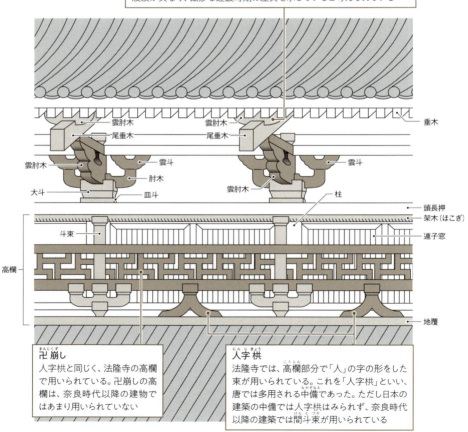

雲斗・雲肘木
通常の大斗の上に肘木・斗を積み上げていく形式とは異なり、肘木と斗を一体化して雲形とした独特な形式の組物である。法隆寺では、最古の金堂をはじめ、五重塔・中門で用いられている。それぞれの建物で縁取りや波紋が異なり、微妙な建設時期の差異を示していると考えられている

卍崩し
人字栱と同じく、法隆寺の高欄で用いられている。卍崩しの高欄は、奈良時代以降の建物ではあまり用いられていない

人字栱
法隆寺では、高欄部分で「人」の字の形をした束が用いられている。これを「人字栱」といい、唐では多用される中備であった。ただし日本の建築の中備では人字栱はみられず、奈良時代以降の建築では間斗束が用いられている

奈良時代の組物① 二重虹梁蟇股

奈良時代に入ると、国家的な造営により、宮殿や東大寺などの大寺院がつくられた。小屋組の架構では、上端の反った虹梁を二重に重ね、その上に蟇股を置く形式がある。この「二重虹梁蟇股」は平城宮東朝集堂を移築した唐招提寺講堂[78頁参照]や法隆寺食堂[90頁参照]などにみられる

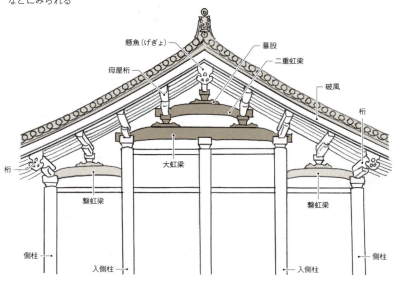

奈良時代の組物② 三手先組物の発展

奈良時代前半に建てられた薬師寺東塔では、2段目の通肘木がなく、各柱の上の組物が独立していた。ところが8世紀後半の唐招提寺金堂では、この部分に隣の組物と接続する通肘木が用いられ、より強固なかたちへと変化していった

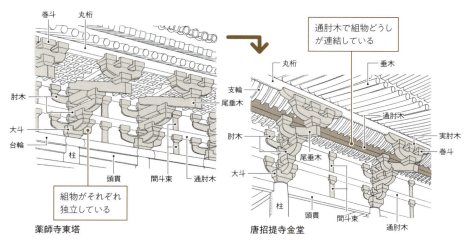

寺院建築の基本

飛鳥・奈良時代の寺院建築

法隆寺は7世紀後半から8世紀初頭に建てられたものが多く、この時代の建築の様相を知る重要な手掛かりとなっています。ただ、法隆寺のほかには現存建築がないため、法隆寺の建築技術や意匠などが7世紀の標準的なものであったのか否かについては長らく不明でした。こうした状況の打開は、山田寺東面回廊の出土建築部材の発見がきっかけでした。法隆寺廻廊と山田寺回廊を比べると、それぞれの共通点と相違点がみえてきます。

法隆寺と山田寺の伽藍配置

山田寺は蘇我倉山田石川麻呂の発願により、舒明天皇13年(641)に寺地を定め、皇極天皇2年(643)に金堂を建立している。中門・塔・金堂・講堂が中軸線上に並ぶ伽藍配置である。天智天皇9年(670)の焼失以降に再建された現状の法隆寺西院伽藍よりも古い

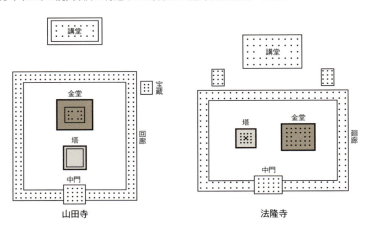

山田寺東面回廊の発掘

昭和57年(1982)の調査で、回廊がかたちを残したまま倒壊した姿で出土した。柱・梁・地覆・連子窓・組物などの建築部材が発見され、これらは現存建築に匹敵する情報をもっていた

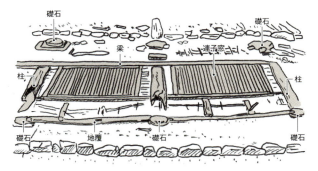

山田寺回廊の特徴

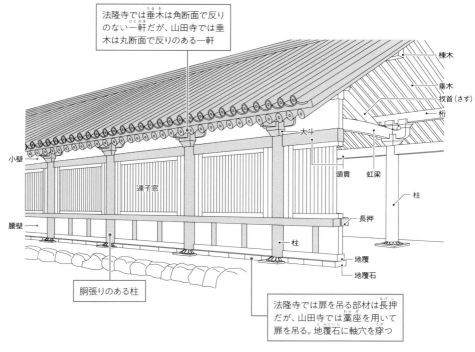

山田寺回廊と法隆寺廻廊の比較

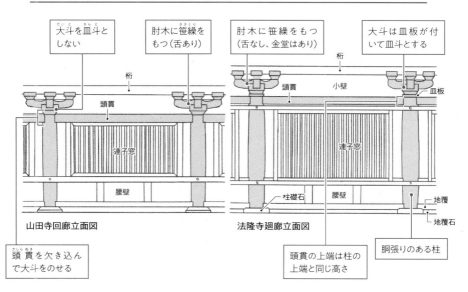

古代の寺院建築　85

密教寺院の流行

9世紀初頭には遣唐使として唐に渡っていた僧の最澄と空海が日本に戻り、最澄が天台宗、空海が真言宗を広めました。延暦25年(806)に天台宗総本山の比叡山延暦寺が、弘仁7年(816)には真言宗総本山の高野山金剛峯寺が開かれました。奈良時代の国家寺院は鎮護国家を目的として建立されましたが、密教の現世利益もあり、皇族・貴族らの支持を得て大流行しました。

最澄と天台宗

最澄は延暦23年に入唐し、天台山で学んだ後、延暦24年に帰朝。天台教学、密教、浄土教などをもたらした。天台宗は比叡山延暦寺・園城寺などが拠点で、「台密」と呼ばれる

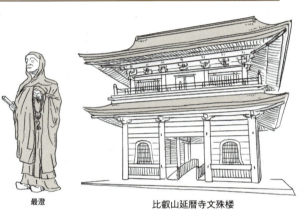

最澄　　　比叡山延暦寺文殊楼

空海と真言宗

空海は延暦23年に唐に向け出発したが途中で難破し、福州から長安に入った。胎蔵界の学法灌頂や金剛界の灌頂曼荼羅、密教法具、経典などを持ち帰り、大同元年(806)に帰朝した。高野山金剛峯寺や京都の神護寺などを拠点としたほか、東寺も宗教活動の場として活用した。「東密」と呼ばれる

高野山金剛峯寺の伽藍配置
空海の存命中は草庵に2基の宝塔が建設される程度であったが、その後、講堂・多宝塔や2棟の真言堂などが建てられた。10世紀初頭に大塔が完成し、中心的存在となった

空海　　　高野山金剛峯寺金堂

平地伽藍の特徴

奈良時代の官大寺は都城周辺に建立されたため、シンメトリーを基本とする伽藍配置が取られた。平地では塔が格段に目立つため、高い塔が建てられ、特に国分寺では七重塔が「国華」と称された

東寺の伽藍配置
平安京に建てられた東寺は都城の官寺であり、奈良時代以来の平地伽藍配置である。その南西隅部に設けられた灌頂堂は、真言のための重要な施設であった

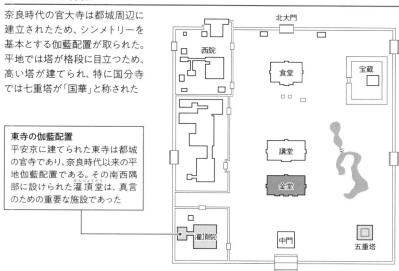

山上伽藍の特徴

官大寺が平地伽藍を採用したのに対し、密教寺院は山上伽藍を設けるものも多かった。密教寺院は俗界を離れた山林寺院として建てられたため、塔などのシンボリックな建物は重視せず、また地形に制約されるため、伽藍配置も定まった形式とはならなかった

比叡山延暦寺の伽藍配置
最澄の存命中には巨大な伽藍は設けられなかったが、次第に発展し、山上の平場である東塔・西塔・横川の三塔を中心に展開している。三塔の下には16の谷が存在し、それぞれの谷にも本堂が存在した

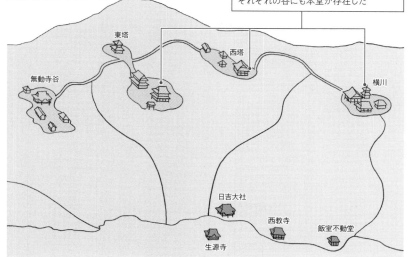

古代の寺院建築　87

密教寺院の新しい建築

密教寺院では修法[※]を重視し、それまでとは異なる伽藍をつくり上げました。天台宗では、法華三昧堂・常行三昧堂などの三昧堂や多宝塔が建てられました。金堂を根本中堂、南大門を仁王門と呼び、それまでの既存寺院と対比させています。真言宗では、灌頂堂・五大堂・多宝塔などが建てられました。また、修法の場となる正堂に対して、参列の場として礼堂が正面に取り付けられるようになりました。平安時代から礼堂が付加されたとみられ、もともとは別棟であったようです。

多宝塔

通常の層塔[79頁参照]とは異なり、内部に心柱はなく、仏像を安置している。円形の塔身の上に宝形造の屋根をかけ、その四周に裳階を廻らせる形状で、日本独特のものである。上層円形とするものが多数だが、天台宗は上層方形とするものもある。5間のものを「大塔」という

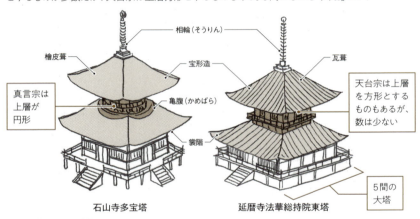

石山寺多宝塔　　　　延暦寺法華総持院東塔

常行堂・法華堂(にない堂)

常行堂・法華堂は、天台宗にとって修行のための最重要施設のひとつである。両者ともに中心性の高い平面で、延暦寺では同形同大の常行堂・法華堂を並べ、渡り廊下でつなぐ「にない堂」の形式としている

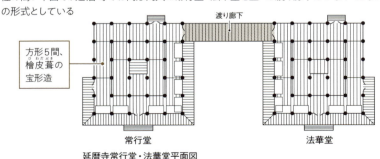

延暦寺常行堂・法華堂平面図

※ 目的とする願いを達成するために密教で行う加持祈祷の作法

宮中真言院道場

平安京大内裏にあった修法道場。内裏でも真言の儀式が執り行われ、身舎の東西に曼荼羅を掛けていた

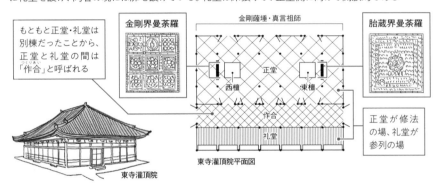

曼荼羅　　　曼荼羅

正面側の廂部分には僧が座していた

灌頂堂

重要な儀式を行う場である灌頂堂は、金剛界・胎蔵界を相対するように配置して両界曼荼羅とし、周辺の壁に金剛薩埵・真言祖師を配置する。東寺灌頂院は敷地奥に石敷の正堂、その正面に礼堂を設け、両者の境には扉を設けている。礼堂は床張りで、正堂側に向けて開放的である

もともと正堂・礼堂は別棟だったことから、正堂と礼堂の間は「作合」と呼ばれる

金剛界曼荼羅　金剛薩埵・真言祖師　胎蔵界曼荼羅

西檀　正堂　東檀

作合

礼堂

東寺灌頂院平面図

正堂が修法の場、礼堂が参列の場

東寺灌頂院

延暦寺根本中堂

現在の延暦寺根本中堂は寛永19年(1642)の建立で、天元元年(978)に再興した頃には現在のかたちであったとみられる。九間四面に一間孫廂(上礼堂)が付き、さらに南面に歩廊(下礼堂)が付加されている。内陣部分は石敷きで、上礼堂・下礼堂は床張りの構成である

密教寺院は特徴的なものが多いね

入母屋造

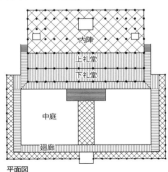

内陣
上礼堂
下礼堂
中庭
廻廊
平面図

密教建築の礼堂

本尊を安置する正堂の正面に、礼拝のための礼堂を付加するには2通りの方法があります。ひとつは、正堂の前に別棟の建物を建てる双堂形式です。双堂形式にはさらに、正堂と礼堂が完全に分離した形式と、別棟であったふたつの建物に大屋根をかける形式があります。もうひとつの方法は、正面に廂を延ばして孫廂とする方法です。

礼堂のバリエーション

①別棟の双堂形式

法隆寺では、二面廂・切妻造の食堂の正面に、同じ桁行規模の細殿が並んでいる。両者の軒は接しておらず、別棟として建てられている

法隆寺食堂・細殿平面図

②大屋根をかける双堂形式

東大寺法華堂(とうだいじほっけどう)は、三間四面(桁行5間)の正堂の正面に、桁行5間で正堂側に廂の付いた礼堂が付く

大屋根がかけられて、両者が一体となっている

正堂と礼堂の間には、かつての樋が見える

東大寺法華堂平面図

③孫廂を付ける形式

室生寺金堂(むろうじこんどう)は桁行3間、梁間(はりま)1間に廂が付く構造で、さらにその正面に孫廂を延ばして礼堂としている

孫廂を付加すると軒先が低くなってしまうが、ここでは斜面を利用した懸造とすることで回避している

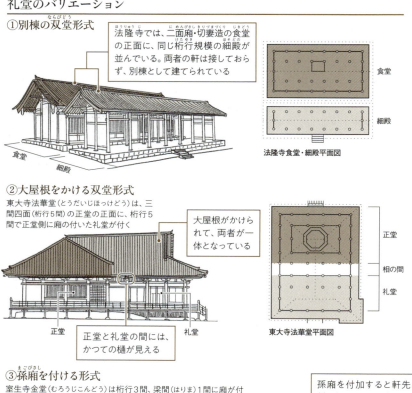

室生寺金堂断面図

當麻寺の構成

當麻寺は東西塔の残る古代寺院で、中軸には金堂、講堂が並ぶ。東面している本堂の曼荼羅堂は、内部に巨大な當麻曼荼羅を厨子に納めてまつっており、多くの参拝者を集めた

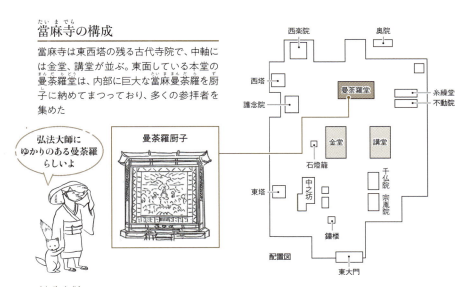

曼荼羅堂の拡大と変遷

當麻寺曼荼羅堂は複数回の改造が確認されている。当初は正堂が四面廂(しめんびさし)の建物であったが、その後、孫廂が付加され、礼堂とされた。さらに孫廂の形式から、正堂・礼堂の身舎を近接させた双堂形式に改造され、礼堂と正堂がより緊密な関係となったことがわかっている

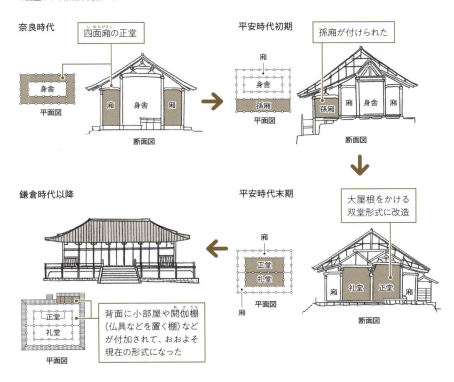

古代の寺院建築

末法思想と浄土信仰

平安時代には、釈迦の教えが時間とともに衰退していくという「末法思想」が広まり、永承7年（1052）が末法元年と考えられていました。浄土信仰が盛んになり、また源信による『往生要集』で極楽と地獄が詳細に示されると、人びとの浄土に対するあこがれが強まりました。なかには西方浄土の阿弥陀信仰と結びつき、阿弥陀如来と浄土世界を組み合わせた寺院も生み出されました。

東アジアの浄土世界観

そもそも浄土世界観は日本独自のものではなく、中国をはじめ、東アジア全体でみられる観念である。中国では敦煌壁画などに浄土変相図（浄土のようすを描いた図）が描かれ、幾何学的な宝池や楼閣が描かれている

中国・韓国の浄土寺院

中国には宝池のある浄土庭園はないが、韓国では仏国寺などに九品蓮池などがあり、浄土を求めた可能性はある。ただし、日本のような自然を取り込んだ庭園と浄土空間を目指した寺院建築の組み合わせはみられない

仏国寺（韓国）

日本の浄土寺院

日本の阿弥陀堂には、阿弥陀仏の浄土世界を求めた平等院鳳凰堂のような建築形式と、一間四面堂から発展した形式がある。一間四面堂の場合、規模は正面三間で、檜皮葺や茅葺などの植物性の葺材を用いるなど、奈良時代の瓦葺の寺院とは様相が異なる。また軸部を長押で固め、床を張るものも多い

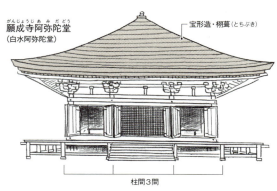

願成寺阿弥陀堂（白水阿弥陀堂）
宝形造・栩葺（とちぶき）
柱間3間

一間四面堂の系譜

四天柱を中心に、その周囲に廂が廻っていた三間堂は、正面の空間を広くするために、柱配置や廂の取り付き方が工夫され、発展していった

中尊寺金色堂（12世紀初め）

四天柱

鶴林寺太子堂（12世紀初め）

孫廂

礼拝のための空間を正面にし、孫廂を付加した

願成寺阿弥陀堂（12世紀半ば）

仏堂の規模を大きくするため、柱間を大きくした

鶴林寺常行堂（12世紀半ば）

孫廂を一体化して室内化した。さらに正面の柱を撤去し、正面側の空間を広くした

高蔵寺阿弥陀堂（12世紀後半）

仏をまつる奥行き・中央間をさらに拡大した

三千院本堂（12世紀半ば）

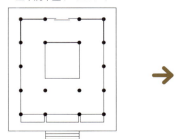

富貴寺大堂（12世紀末）

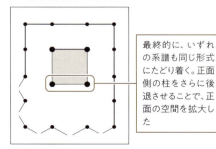

最終的に、いずれの系譜も同じ形式にたどり着く。正面側の柱をさらに後退させることで、正面の空間を拡大した

古代の寺院建築　93

平安貴族と浄土寺院

平安時代の貴族は浄土信仰が強く、多くの浄土寺院や阿弥陀堂を建立しました。11世紀の摂関期には、藤原道長による法成寺や、その子の頼通による平等院など、華やかな阿弥陀堂建築が建てられました。また11世紀末〜12世紀の院政期にも、白河の地を中心に、天皇らの発願で九体阿弥陀堂を備えた寺院が建立されました。

浄瑠璃寺と九品九生

九体阿弥陀堂は宗教的思想と仏堂の形態が一致した施設である。極楽浄土では上品上生から下品下生までの9段階の往生の方法(九品往生)があるとされ、これにしたがって9体の阿弥陀仏を一堂にまつることが試みられたのが九体阿弥陀堂である。浄瑠璃寺には、現存唯一の九体阿弥陀堂が本堂として残り、保元2年(1157)頃に現在の地に建てられたとされている

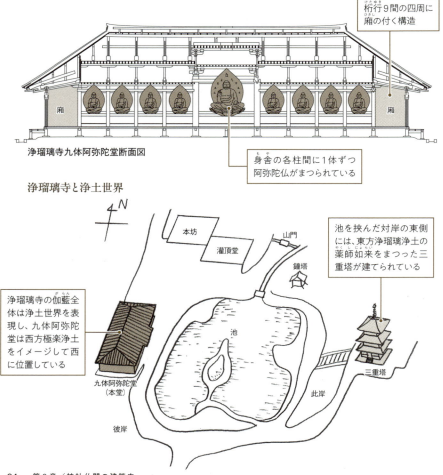

浄瑠璃寺九体阿弥陀堂断面図

浄瑠璃寺と浄土世界

平安貴族と極楽世界

栄華の極み・平等院鳳凰堂

平等院鳳凰堂は、阿弥陀仏をまつる中堂と、その両脇に延びる翼廊（よくろう）、背面に延びる尾廊（びろう）からなる。西面している中堂は東に苑池（えんち）を備え、内部の小壁には雲中供養菩薩（うんちゅうくようぼさつ）が舞い、天蓋や彩色によって装飾が施され、荘厳な雰囲気が漂う

平面図

藤原家の寺・法成寺

藤原道長によって建立された寺院。南側に池を配して、仏堂を廊でつないだ構成としている。伽藍の南西には池に面して、九体阿弥陀堂を置く。ただし伽藍には天台宗の法華堂（ほっけどう）や真言宗の五大堂（ごだいどう）などもあり、寺院全体としては、統一的な信仰はみられない。また各仏堂も順次建てられ、開創当初からの全体計画の存在もうかがえない

白河天皇の寺・法勝寺

11世紀後半から12世紀にかけて、平安京の東の白河の地に「勝」の字をもつ6つの寺が建てられた。これを六勝寺（ろくしょうじ）といい、そのひとつの法勝寺は、白河天皇によって開かれた。南側の池や楼でつながれた仏堂は法成寺とも似るが、特徴的なのは中島に建つ八角七重塔である。南西部には九体阿弥陀堂を備えている。法成寺と同じく、法華堂や五大堂もあり、雑信仰のようすが表れている

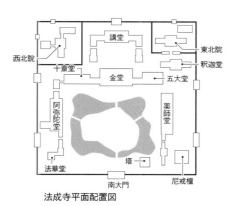

法成寺平面配置図

法勝寺平面配置図

平泉の寺院

奥州藤原氏も阿弥陀信仰や浄土寺院の建立があり、初代清衡の中尊寺（ちゅうそんじ）、二代基衡の毛越寺（もうつうじ）、三代秀衡の無量光院（むりょうこういん）などが建てられた。毛越寺や無量光院は中堂から翼廊が延びた構成で、その正面には池を備えていた。京に匹敵する文化の中心地を平泉に築こうとした往時のようすがうかがえる

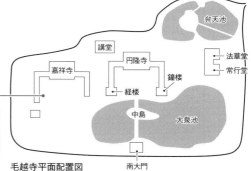

毛越寺は嘉祥寺と円隆寺を合併して建てられ、円隆寺を金堂として使用していた

毛越寺平面配置図

古代の寺院建築　95

神仏習合と社殿の変化

平安時代以降、日本の神祇信仰（神道）と仏教信仰（日本の仏教）が融合した「神仏習合」が盛んになっていきました。大寺院と神社が接近し、東大寺と手向山八幡宮、延暦寺と日吉大社、金剛峯寺と丹生神社、東寺と伏見稲荷大社など、有力な寺院と神社が密接な関係にあり、これにともなって社殿の形式や神社境内の建物にも変化が生じていきました。

神仏習合とは？

奈良時代の仏教は鎮護国家を目的とし、一方の神祇信仰は多神教（八百万神）であったが、次第に神仏が緊密化し神宮寺の建立がされていった。さらに平安時代中期以降、日本の神々は仏菩薩の化身として現れた権現であるとする本地垂迹説が展開していった。たとえば、八幡神を阿弥陀如来、天照大神を大日如来とみる考えである

『春日宮曼荼羅』に描かれた春日大社

春日大社とふたつの塔

春日大社でも神仏習合が進み、平安時代には春日大社に塔が建立されている。永久4年（1116）に関白の藤原忠実の発願で西塔が五重塔で建てられ、「殿下御塔」と呼ばれた。その後、保延6年（1140）には鳥羽上皇の発願で、裳階付きの五重塔で東塔が建てられ、「院御塔」と呼ばれた。両社は並立する塔であるが、裳階の有無という建築の形式で発願者の格差を表現している

八坂神社の空間の変化

神社においても、礼拝空間の充実が図られていった。八坂神社本殿は、桁行5間の檜皮葺社殿に礼堂の付く形式で、空間が拡大している。現状の本殿は、桁行5間、梁間2間に四面廂の廻る形式で、正面に正面7間、側面2間の礼堂が取り付く。さらに背側面の三面に隅欠きの廂が付き、さらに正面には向拝が取り付き、これらに一体の大屋根をかけている

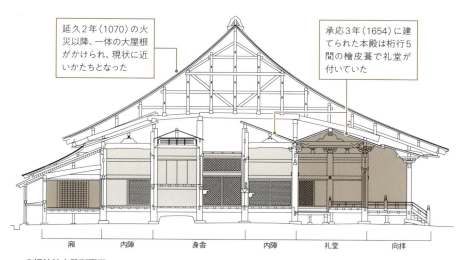

> 延久2年(1070)の火災以降、一体の大屋根がかけられ、現状に近いかたちとなった

> 承応3年(1654)に建てられた本殿は桁行5間の檜皮葺で礼堂が付いていた

八坂神社本殿断面図

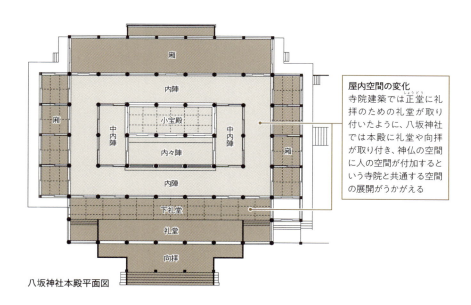

屋内空間の変化
寺院建築では正堂に礼拝のための礼堂が取り付いたように、八坂神社では本殿に礼堂や向拝が取り付き、神仏の空間に人の空間が付加するという寺院と共通する空間の展開がうかがえる

八坂神社本殿平面図

神仏習合の高まり　97

神社境内の諸建築

寺院と同じように、神社にも本殿以外の建物が建てられています。祭場の周囲は垣による囲いなどが置かれたり、聖域への象徴としての鳥居が設けられたりします。ただし、寺院の廻廊や築地塀のような強固な遮蔽施設をともなわない神社もみられます。また儀礼に関する施設では、神に対する奉仕のための施設も設けられました。

神社境内の変遷

古い神社では本殿自体が自然物の場合もあるように、建築が必ずしも重要ではなかった［64頁参照］。そのため、拝殿・幣殿・舞殿といった礼拝のための施設がないことも多い。平安時代に入ると、石清水八幡宮などで、楼門・廻廊などによる境内空間が確認できる

多宝塔

神に仕えるための施設

神に食事を捧げる御饌関連の建築や、神供（供え物）を納めておく贄殿をはじめ、酒殿・竈殿・盛殿などが設けられることもあった。また、祭器や幣帛を納める倉や、社務・参籠のための建物などが神社の境内には必要だった

石清水八幡宮の境内
貞観元年(859)に創建された石清水八幡宮では、赤色の柱に檜皮葺の社殿が並ぶ。八幡造の本殿の正面に幣殿・舞殿、さらにその正面に楼門が置かれ、これらは廻廊で囲まれている。楼門は仁和2年(886)、幣殿・舞殿は11世紀前半頃に整備された

仏教建築の混在
境内をよくみると、多宝塔や鐘楼など、神社の境内に寺院建築が混在するようすがよく描かれている。同様の景観は、戦国期の出雲大社でも、三重塔などの仏教建築の混在をみることができる

『一遍聖絵』に描かれた石清水八幡宮

神仏習合の高まり 99

中世のはじまり

時代の変わり目は専門分野によっても異なります。建築史では、古代の南都（平城京）の官大寺である興福寺や東大寺が失われた治承4年(1180)をひとつの画期ととらえています。その後の復興で、それ以前とは異なる特徴が表れてくるからです。具体的には、平安時代以前からの手法を踏襲した興福寺の「和様」、中国から持ち込まれた新しい手法を取り込んだ東大寺の「大仏様」、そして禅宗という新しい潮流とともに展開していった「禅宗様」が出現し、大仏様・禅宗様の細部意匠や構造が和様の建築にも波及していくなど、建築史において大きな変革期となりました。

平氏の南都焼き討ち

平治元年(1159)の平治の乱によって平氏が力をつけていき、武士の時代となった。大和国が平清盛の知行国となり、興福寺・東大寺と平氏が対立するようになった。延暦寺・園城寺・南都寺院に加え、諸国の源氏らと対立を深めるなかで、治承4年に平重衡による東大寺・興福寺の焼き討ちが行われ、両伽藍の大部分が失われた

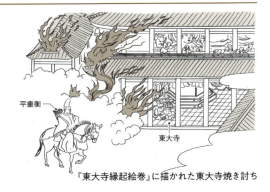

『東大寺縁起絵巻』に描かれた東大寺焼き討ち

東大寺の復興と大勧進職

東大寺の復興では、伽藍堂宇整備の最高責任者として大勧進職が設けられ、禅律僧が補任した。大勧進職を重源が務め、二代目は栄西が引き継いだ。創建時の東大寺の大仏殿は、僧の実忠が補強柱を加えていることからもわかるように、構造的な不具合があり、奈良時代の手法による再興では同じく不具合が生じるため、構造的な改良が求められた

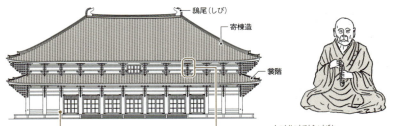

東大寺大仏殿の補強
奈良時代創建の東大寺大仏殿は構造的な不具合があり、創建後に補強柱を加えていた。そのため、鎌倉再建時には構造強化が必要であり、柱も84本から92本へと追加された

鎌倉再建の東大寺大仏殿を推定した復元図によると、通柱を用いて、貫・挿肘木・通肘木を用いた構造であったとされる

俊乗房重源
保安2年(1121)～建永元年(1206)。「入宋三度」を自称した僧で、造営に長けていた。東大寺の再興では、浄土教信者を組織して活動し、多くの寄付を集めた。別所（本拠地から離れたところにある施設）も組織しており、兵庫県にある浄土寺浄土堂（じょうどじじょうどどう）はそのひとつである

古来の様式・和様

和様は平安時代以前から用いられていた方法で、長押や床張り・縁側などの方法が用いられることも多い。中備では蟇股や間斗束などの奈良時代以来の手法が用いられている[110頁参照]

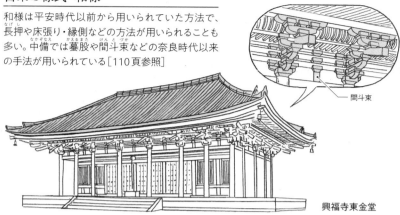

間斗束

興福寺東金堂

構造美で魅せる・大仏様

かつては「天竺様」とも呼ばれていた。柱に貫を貫通させたり、通肘木を多用したりする方法で、構造を強調する構法である[次頁参照]

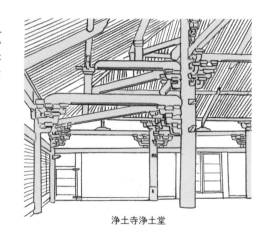

浄土寺浄土堂

華やかな意匠・禅宗様

かつては「唐様」と呼ばれていた。禅宗寺院を中心に展開し、軒下に組物を並べた詰組のほか、花頭窓や海老虹梁など、華やかな意匠が特徴的である[106頁参照]

不動院金堂

中世の仏堂と様式

大仏様の特徴

大仏様は、鎌倉時代初期に東大寺の再建のために重源が取り入れた新しい建築の技術です。構造を重視し、柱に挿肘木や貫を用いて、それらの構造をそのまま意匠とする特徴があります。大仏様を用いた現存建築は限られていますが、東大寺南大門や浄土寺浄土堂などの重源が関与した建築で用いられています。

浄土寺浄土堂にみる大仏様

重源が建久3年(1192)に建立した。現存する大仏様の建築としてさまざまな特徴がみられる

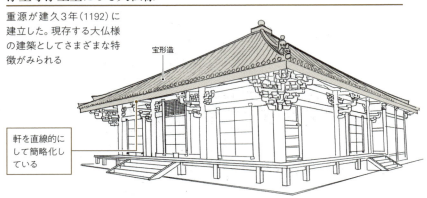

宝形造

軒を直線的にして簡略化している

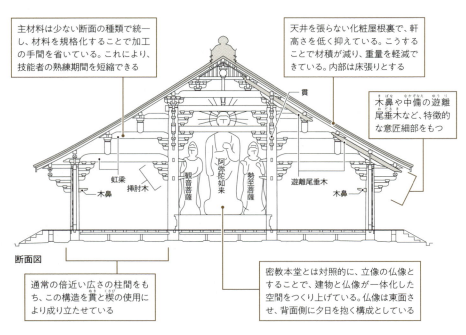

主材料は少ない断面の種類で統一し、材料を規格化することで加工の手間を省いている。これにより、技能者の熟練期間を短縮できる

天井を張らない化粧屋根裏で、軒高さを低く抑えている。こうすることで材積が減り、重量を軽減できている。内部は床張りとする

貫

木鼻や中備の遊離尾垂木など、特徴的な意匠細部をもつ

虹梁　挿肘木　観音菩薩　阿弥陀如来　勢至菩薩　遊離尾垂木
木鼻　　　　　　　　　　　　　　　　　　　　　　　木鼻

断面図

通常の倍近い広さの柱間をもち、この構造を貫と楔の使用により成り立たせている

密教本堂とは対照的に、立像の仏像とすることで、建物と仏像が一体化した空間をつくり上げている。仏像は東面させ、背面側に夕日を抱く構成としている

東大寺南大門にみる大仏様

重源が正治元年（1199）に再建した、五間門の二重門である

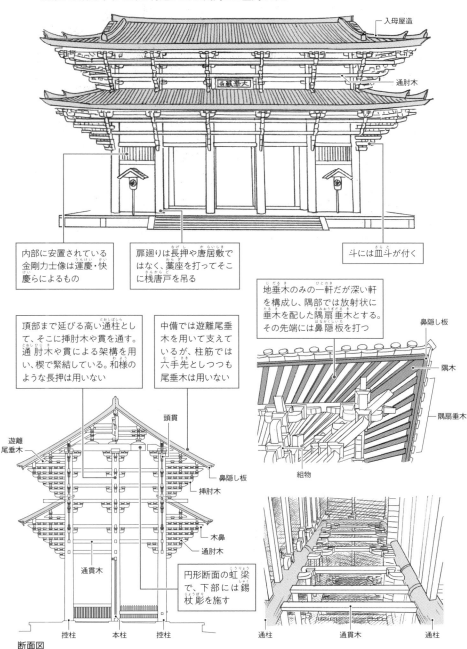

断面図

中世の仏堂と様式　103

大仏様の展開と巨大建築

大仏様は東大寺の周辺で展開しましたが、大きな発展はみせませんでした。唐招提寺は東大寺と関係が深く、唐招提寺鼓楼では頭貫の木鼻や足固貫が用いられていますが、全体としては和様の形式でつくられています。また、法隆寺東院礼堂などでも、全体の構成は平安時代以来の手法を受け継ぎつつ、貫などの新しい技法が部分的に持ち込まれた程度でした。ただし、大仏様の技術は巨大建築を構築するのに適していたため、方広寺大仏殿や江戸時代再建の東大寺大仏殿［118頁参照］などでも用いられました。

唐招提寺にみる大仏様

唐招提寺は全体としては和様の建築ながら、仁治元年（1240）に建てられた鼓楼では頭貫の木鼻や足固貫が用いられるなど、部分的に大仏様を用いている

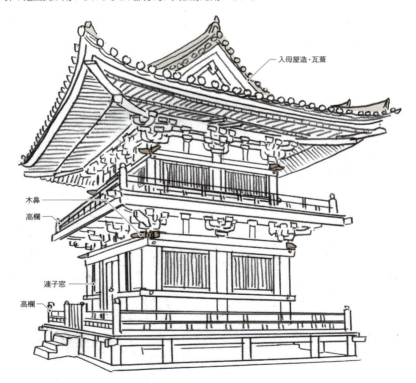

唐招提寺鼓楼

元興寺禅堂・本堂にみる大仏様

南都七大寺のひとつであった元興寺の禅堂や本堂にも、大仏様の木鼻や藁座・桟唐戸、飛貫など、大仏様の要素が各部にみられる

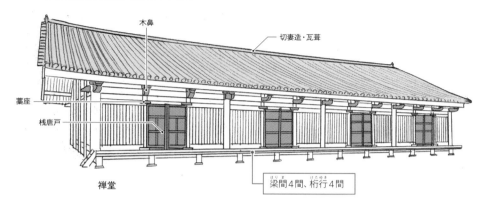

禅堂

方広寺大仏殿にみる大仏様

方広寺大仏殿は文禄2年（1593）に建立されたが、慶長7年（1602）に焼失し、慶長17年に再建された。江戸時代初期の大工・中井正清による建立で、大仏様の技術が多用されている。その後再び焼失したため現存しないが、その図面をみると、巨大建築をつくる技術として大仏様が用いられたことがわかる

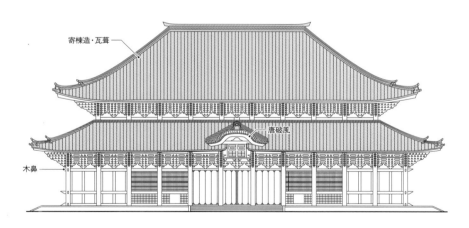

吉備津神社［115頁］も大仏様の要素がある巨大建築だよ

禅宗様の特徴

鎌倉時代、中国からもたらされた禅宗が隆盛し、禅宗寺院が開かれました。この禅宗寺院で多く用いられた建築様式が「禅宗様」で、中備にも組物を置く詰組や海老虹梁などの華やかな意匠が特徴的です。13世紀初頭以前の禅宗様の建築は現存しませんが、僧の栄西による承元年間(1207～11)の東大寺大鐘楼にも、禅宗様と共通する手法がみられます。

禅宗と五山

鎌倉時代にもたらされた禅宗は、それまでの既存とは異なる宗派である。既存権力と対峙する姿勢や自助努力による救済という宗旨が武家政権と合致し、武士を中心に浸透していった。禅宗の一派・臨済宗では、格式の高い5つの寺院[※]を「五山」とし、その格式に適した仏殿が建てられた

禅宗寺院の七堂伽藍

奈良時代の重要な堂塔である金堂・塔・講堂・経蔵・鐘楼・食堂・僧房からは大きく異なり、仏殿・法堂・僧堂・庫裡・三門・東司(トイレ)・浴室が主要な建物で、中枢部は比較的左右対称の構成であった。清浄を重視するため、東司や浴室が重視された

建長寺の伽藍配置[77頁参照]

蘭渓道隆(らんけいどうりゅう)が寛元4年(1246)に南宋から来日し、京都の泉涌寺(せんにゅうじ)を経て、北条時頼の依頼で鎌倉・常楽寺(じょうらくじ)に入った。その後、建長元年(1249)に建長寺の建設を開始し、仏殿・三門・僧堂・衆寮(しゅりょう)・東廊・西廊などが建てられた。この建長寺の姿を描いた「建長寺指図」(鎌倉時代末)から、当時の伽藍のようすがうかがえる。三門・仏殿・法堂が中軸線上に並び、三門の外には西浄(トイレ)や浴室が置かれた

禅宗様の架構

禅宗様の特徴をよく示す現存建築に円覚寺舎利殿がある。平安時代の仏堂は床張りが一般的だったが、ここでは土間としている。裳階付きで、貫や海老虹梁で軸部を固め、柱の上に台輪を置き、中備にも組物を置く詰組とし、尾垂木をもつこともある。内部中央には板を鏡のように平面に張った鏡天井を張り、軒は放射状に配する扇垂木とする

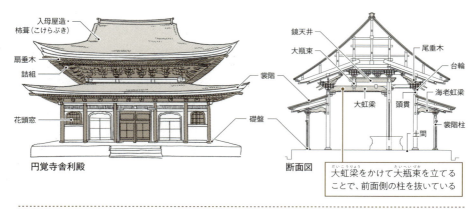

円覚寺舎利殿

断面図

大虹梁をかけて大瓶束を立てることで、前面側の柱を抜いている

※ 時代によって異なるが、京都五山と鎌倉五山があり、京都五山は天龍寺・相国寺・建仁寺・東福寺・万寿寺、鎌倉五山は建長寺・円覚寺・寿福寺・浄智寺・浄妙寺を指す

禅宗様の細部意匠

詰組
つめぐみ

扇垂木
おうぎだるき

桟唐戸
さんからど

藁座

桟唐戸

桟

藁座

藁座に桟唐戸を吊っている

頭貫と台輪
かしらぬき だいわ

木鼻
台輪

台輪

柱

頭貫

頭貫の端部は柱から突出さ
せ、禅宗様木鼻としている

弓欄間と柱頭の粽
ゆみらんま　ちまき

弓欄間

粽

花頭窓

柱

柱の上端・下端のすぼまっ
た部分を粽という

花頭窓
かとうまど

上部を玉ねぎ状にした意
匠性の高い窓を用いている

礎盤
そばん

柱

礎盤

下部には碁石状の
礎盤を置く

中備の尾垂木
なかぞなえ　おだるき

中備の尾垂木

海老虹梁
えびこうりょう

垂木

海老虹梁

中世の仏堂と様式　　107

禅宗様の展開と空白の13世紀

禅宗様は13世紀の現存建築がないため、初期の様相は不明な点が多く、「空白の13世紀」ともいえます。ただし、禅宗寺院の伽藍や建築は建立されていたので、これらに禅宗様が用いられていた可能性があります。古いものでは承元年間（1207～11）の栄西による東大寺大鐘楼があり、詰組をはじめ禅宗様の組物と共通する特徴を確認できます。

鑁阿寺本堂にみる禅宗様

鑁阿寺本堂は正安元年（1299）建立の密教本堂だが、台輪・詰組・大虹梁・大瓶束・尾垂木付きの詰組などの禅宗様の要素がみられる

厨子に残る禅宗様

宝城坊本堂厨子や弘安寺厨子、法用寺本堂内厨子などの小建築では、詰組などの禅宗様の要素がみられる

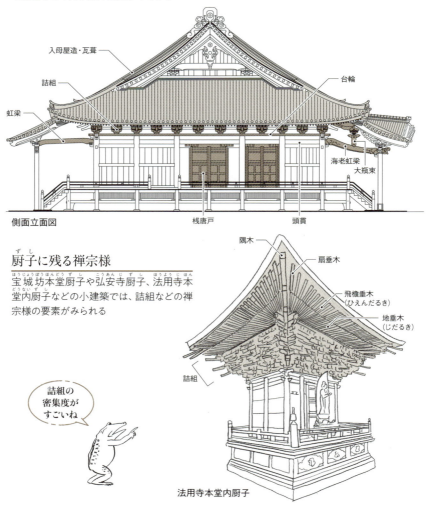

詰組の密集度がすごいね

法用寺本堂内厨子

鶴林寺の部分的な意匠の導入

応永4年（1397）建立の鶴林寺本堂は密教本堂で、中備に大仏様にみられる双斗を用いている。その一方で、海老虹梁や藁座・桟唐戸などの禅宗様の要素も導入されている。13世紀の禅宗寺院の建築の様相は不明であるが、密教本堂にまで禅宗様の影響が及んでいることから、禅宗様はそれ以前にすでにある程度、展開していたと考えられる

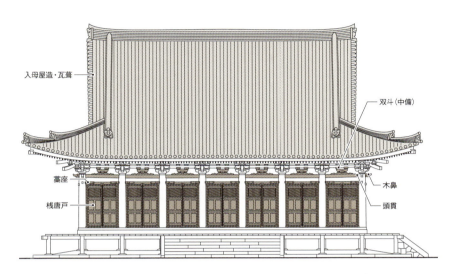

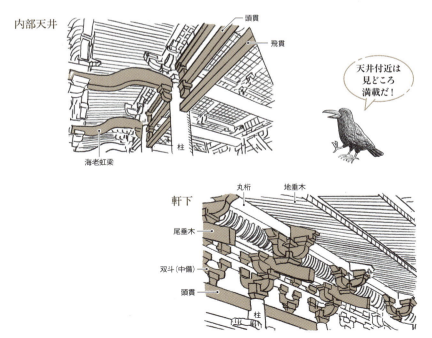

和様の特徴

大仏様［102頁参照］や禅宗様［106頁参照］などの新しい建築の様式が用いられる一方で、平安時代以来の伝統的な手法も継続して用いられました。これを「和様」といいます。あまり貫を用いずに、あるいは見せずに長押で軸部を固め、窓や扉も花頭窓や桟唐戸ではなく、連子窓・板扉・蔀戸などの伝統的なものを用いました。

興福寺北円堂にみる和様

和様の代表格である興福寺は、治承4年（1180）の南都焼き討ちにより焼失した。聖武天皇の発願で開かれた東大寺が朝廷による復興であったのに対し、摂関家藤原氏の氏寺であった興福寺は、藤原氏の力もあり、東大寺よりも順調に復興していった。興福寺北円堂は、大仏様や禅宗様に比べ、木鼻が突出しないという平安時代以前の特徴を受け継いでいる

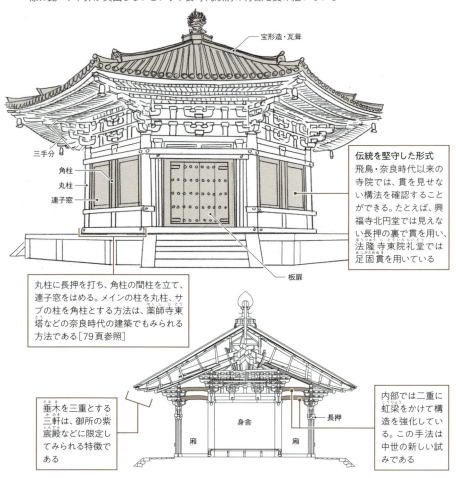

宝形造・瓦葺

三手分
角柱
丸柱
連子窓

伝統を堅守した形式
飛鳥・奈良時代以来の寺院では、貫を見せない構法を確認することができる。たとえば、興福寺北円堂では見えない長押の裏で貫を用い、法隆寺東院礼堂では足固貫を用いている

板扉

丸柱に長押を打ち、角柱の間柱を立て、連子窓をはめる。メインの柱を丸柱、サブの柱を角柱とする方法は、薬師寺東塔などの奈良時代の建築でもみられる方法である［79頁参照］

垂木を三重とする二軒は、御所の紫宸殿などに限定してみられる特徴である

身舎
廂　廂

長押

内部では二重に虹梁をかけて構造を強化している。この手法は中世の新しい試みである

興福寺東金堂にみる和様

桁行7間、梁間4間の規模で、創建時から建物規模は変わっていないとみられる。正面1間が吹放しの寄棟造の仏堂で、三手先の組物を用いている。連子窓・間斗束も奈良時代から用いられている手法で、古代建築の要素を受け継いでいる。一方で、廂・身舎ともに折上天井で、二重の虹梁をかける点などに中世の新しい手法がみえる

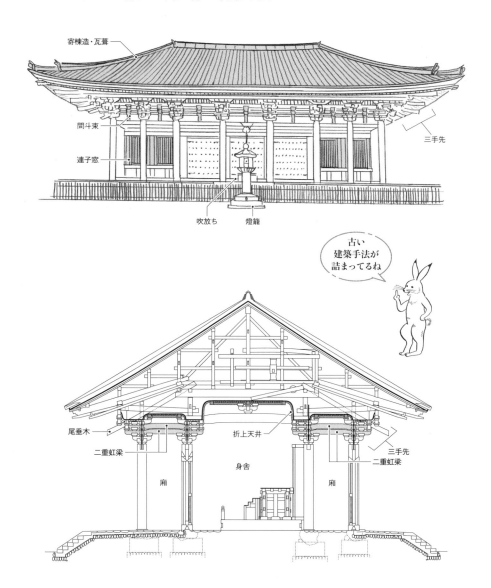

中世の仏堂と様式　111

拡大していく和様の密教本堂

平安時代以降、仏堂の前面には礼拝のための空間である礼堂が付加されるようになり、中世以降にはその形式がさらに発展していきました。礼堂の奥行きを大きくすることと、建築技術の発展には深い関係があります。礼堂は主に密教の本堂で展開していきましたが、天井を中心とした細部をみていくと、その変遷のようすがうかがえます。そのパターンは、正堂の身舎と礼堂の身舎が隣り合い、その四周に廂を廻らせる形式と、正堂を三面廂として、その正面に礼堂を付加する形式がありました。

大報恩寺本堂

天台宗に学んだ義空によって建てられた寺院で、四天柱を中心とする三間堂の前に梁間1間、桁行3間の礼堂が取り付き、その四周に廂が廻る

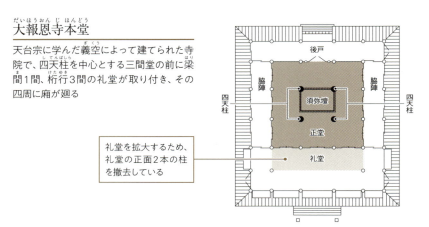

礼堂を拡大するため、礼堂の正面2本の柱を撤去している

長寿寺本堂

四周に廂を廻らせる形式とは別に、内陣を三面廂とし、正面に別棟の建物を建てる双堂の形式がある。内陣・外陣ともに切妻の化粧屋根裏とし、そこに大屋根をかけている

礼堂の天井は身舎側に天井を張るのに対し、周囲には化粧垂木が廻る形式となる。この空間構成は密教寺院の特徴である

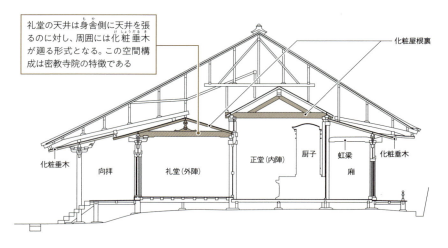

古代から中世へ、変化する神社建築

古代の神社では、寺院建築の要素を排除した建築がつくられていました。ところが時間の経過とともに、寺院と神社の関係が神仏習合によって近くなると、神社建築にも寺院建築の要素が入ってきました。組物を用いたり、礎石へ変更したりという変化がみられるようになったのです。

変化① 礎石の使用

建保7年(1219)に建立された神谷神社本殿は三間社流造[70頁参照]の社殿だが、流造の特徴のひとつである土台は用いずに、礎石を用いている

変化② 組物の使用

寛永13年(1636)建立の仁科神明宮は信濃国内の御厨(神宮領)で、神明造[67頁参照]の最古の建築が残る。棟持柱や千木・勝魚木などの神社建築の要素がある一方、仏教建築の要素である舟肘木を用いている。また前面の中門では蟇股も使用している

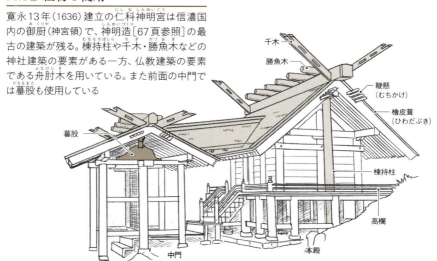

中世と神仏習合　113

仏堂化する神社本殿

神社本殿は本来、神のための場ですが、中世に入ると本殿内に神の場以外の場所も形成されていきました。神道の儀礼と空間の使い方は不明な点も多いですが、本殿内を前後に分けた形式や、流造で正面部分を前室とする形式を用いて、仏堂と似たような空間がつくり上げられていきました。

仏堂化① 社殿を区画する

古い社殿では、一神坐につき一神殿としていたが、次第に複数神がひとつの社殿にまつられ、廣八幡神宮のように小部屋に分かれるものが出てくるようになった。また、社殿の内部が前後に分かれる形式も登場していった

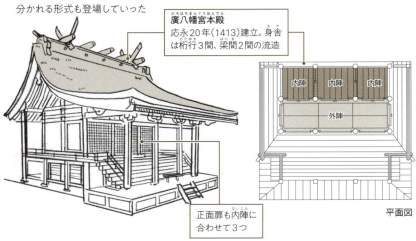

廣八幡宮本殿
応永20年(1413)建立。身舎は桁行3間、梁間2間の流造

正面扉も内陣に合わせて3つ

平面図

仏堂化② 前室を付ける

流造の社殿の庇部分を室内化したものを「前室付」といい、滋賀県に多くみられる。代表的なものとしては、園城寺の新羅善神堂がある

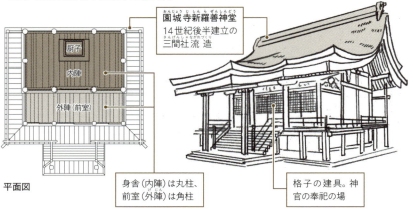

園城寺新羅善神堂
14世紀後半建立の三間社流造

身舎(内陣)は丸柱、前室(外陣)は角柱

格子の建具。神官の奉祀の場

平面図

114　第2章／神社仏閣の建築史

大型化する神社本殿

中世の寺院では、礼堂や廂を廻らせる形式などによって仏堂が大型化していきましたが、神社本殿においても同じような変化がみられました。岡山県にある吉備津神社本殿では、三間社流造の中心部の四周に廂を廻らせ、その前に朱の壇を取り付け、その周囲にさらに廂を廻らせて、巨大建築を構成しています。

吉備津神社本殿

岡山市吉備津にある式内社（延喜式に記載されている神社）で、備中国一宮である。朝廷からの篤い崇敬を受け、中世には武家の崇敬を集めた

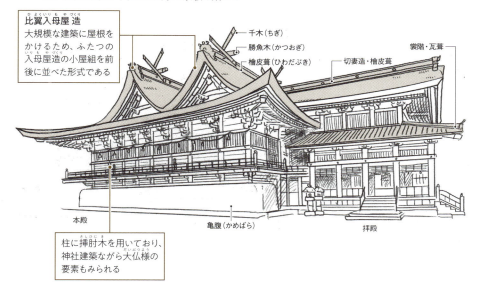

比翼入母屋造
大規模な建築に屋根をかけるため、ふたつの入母屋造の小屋組を前後に並べた形式である

千木（ちぎ）
勝魚木（かつおぎ）
檜皮葺（ひわだぶき）
切妻造・檜皮葺
裳階・瓦葺

本殿　亀腹（かめばら）　拝殿

柱に挿肘木を用いており、神社建築ながら大仏様の要素もみられる

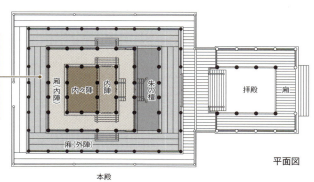

桁行3間、梁間2間の内々陣を中心に、廂や朱の壇が周囲に付き、本殿全体は桁行7間、梁間8間の大規模建築になっている

廂（内陣）　内々陣　内陣　朱の壇　拝殿　廂
廂（外陣）
本殿　平面図

中世と神仏習合

連棟化する神社本殿

中世には、複数の本殿を横並びの連棟にする形式が増えていきました。切妻造で平入りの流造であれば比較的容易なので、大規模なものもみられました。窪八幡神社本殿は十一間社流造と、他に類を見ません。また、妻入りの春日造でも、連棟式の社殿がつくられています。

流造の連棟
応安3年（1370）の住吉神社本殿では、5つの社殿がつながっている。上部の破風と扉の位置がそれぞれ対応している

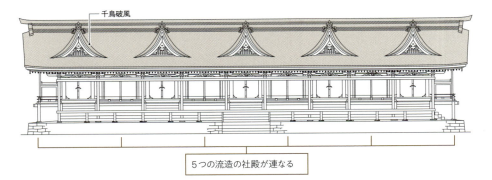

5つの流造の社殿が連なる

春日造と流造の複合
春日造と流造が融合した社殿もみられる。慶長10年（1605）の吉野水分神社本殿では、中央のみを春日造とし、両脇には三間社流造の社殿を接続している。流造の屋根に千鳥破風がのり、春日造風となるものもあるが、隅木をみるとその違いを確認できる

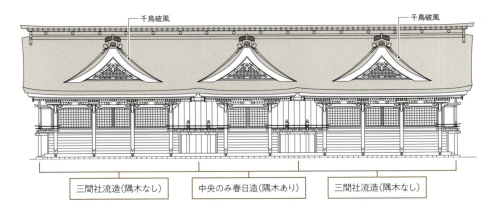

三間社流造（隅木なし） ／ 中央のみ春日造（隅木あり） ／ 三間社流造（隅木なし）

神社の礼拝施設の展開

神社では自然物を拝礼の対象とすることもありますが[64頁参照]、本殿を設けた場合、そこに向けて拝礼するための場所を設けることもあります。ただし、伊勢神宮や熱田神宮では拝所が設けられていません。現存する拝礼のための建築で古いものには宇治上神社拝殿があり、鎌倉時代に建立されました。

拝殿

神社本殿の前に位置し、祭典を行ったり、参拝者が拝礼を行ったりする殿舎

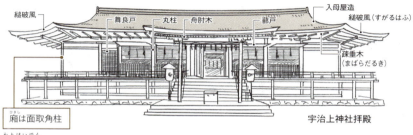

宇治上神社拝殿

割拝殿

平安時代末期以降にみられる拝殿の形式のひとつで、横長の平面の中央を土間の馬道(通路)としたもの。現存建築としては、石上神宮摂社出雲建雄神社割拝殿が代表的である

石上神宮摂社出雲建雄神社割拝殿
割拝殿の中央部には唐破風が付く。唐破風は軒先のみを曲線とする形式ではなく、屋根の上に置かれる形式としており、古式を残している

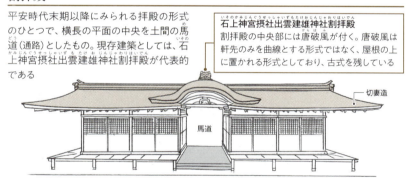

長床

本殿の前方に建つ細長い建物。熊野系の神社に多くみられ、拝殿としての機能だけでなく、修験者などが一時的に宿泊や参籠の場として使用することもある

熊野神社長床の創建
応徳2年(1085)に源義家が遷宮し、創建した

44本の円柱が等間隔で並ぶ。桁行9間、梁間4間

建具や間仕切は一切ない

中世と神仏習合　117

戦国期の寺院の荒廃と復興

戦国時代、松永久秀らの戦乱に巻き込まれた東大寺や、織田信長によって焼き討ちされた延暦寺をはじめ、多くの寺社が荒廃しました。荘園制の崩壊によって収入源を失った寺社にとって復興は困難であり、寺社建築においては戦国期から17世紀頃までの時期が復興期でした。

東大寺大仏殿の再焼失と復興

永禄10年(1567)の松永久秀らによる東大寺大仏殿の戦いにより、鎌倉時代に再建された大仏殿[100頁参照]は再び失われた。その後、豊臣秀吉は東大寺ではなく方広寺の大仏や大仏殿を造立したため、東大寺大仏殿の再興は遅れ、仮堂が建てられたのみであった。江戸時代に入り、宝永6年(1709)に僧・公慶によって再興が進められ、現在の大仏殿が再建されたが、桁行規模は両脇2間ずつ縮小された

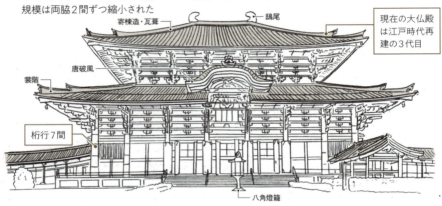

現在の大仏殿は江戸時代再建の3代目

大仏殿の巨木探し

柱は細い材を組み合わせて太い柱としていたが、大梁は一材(一本物)とする必要があった。全国を探し回り、日向国でようやく巨木を探し当てた記録が『大仏殿虹梁木曳図』に残されている

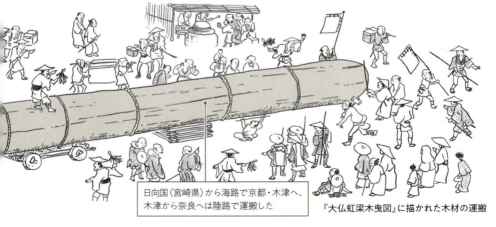

日向国(宮崎県)から海路で京都・木津へ、木津から奈良へは陸路で運搬した

『大仏虹梁木曳図』に描かれた木材の運搬

中世の民衆の隆盛と寺院の造営

法然による浄土宗や、親鸞による浄土真宗などの民衆の信仰に支えられていた寺院は、中世では経済的基盤が弱かったため、仏堂の現存建築は照蓮寺本堂や知恩院勢至堂などに限られます。ただし共通点も多く、平面は3列の構成で、多くの信者を集めるために外陣が広く、内陣の両脇に余間を設けました。江戸時代に入って、民衆が力をつけるようになると、寺院の造営が進められるようになりました。これらの伽藍では、阿弥陀堂とともに、宗祖などの像を安置する御影堂が重視されました。

浄土宗・知恩院勢至堂

もともとは御影堂で、内部は丸柱とするが、外部は角柱とし、住宅風の仏堂である。こうした構成は時宗の仏堂との共通点もみえ、浄土系の仏堂の特徴とみられる。享禄3年(1530)に再建された

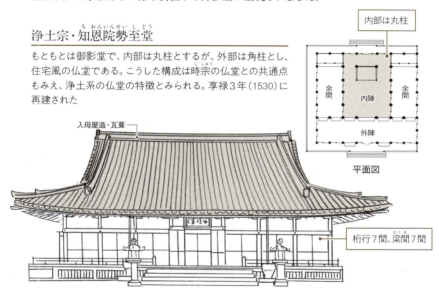

浄土真宗・専修寺

寛文6年(1666)建立の御影堂と如来堂を並立させた伽藍で、大規模な外陣が特徴的である。如来堂の詰組の組物などの禅宗様と、御影堂の和様が対比的な構成となっている

江戸の巡礼と寺院

江戸時代に入ると、民衆が力をつけ始め、観音霊場巡りなどの巡礼が盛んになりました。特に観音霊場巡りや伊勢参り、善光寺参りなどが代表的です。この巡礼では、物見遊山・遊興的な要素を含んでおり、寺社の門前では茶屋や見世物小屋などが展開しました。また寺社の建築も華やかで人目を惹くものになり、アトラクション的な要素をもつ建築も建てられました。

観音霊場巡りと栄螺堂

西国三十三所・坂東三十三所・秩父三十四所をひとつの寺院に集めた、百観音の巡礼が盛んに行われた。三匝堂（栄螺堂）は、下層から上層に上る途中に霊場を写した百観音をまつっている

写し（見立て）と上野

上野周辺では、畿内や近江国を写した景色がつくられた。不忍池を琵琶湖に、寛永寺を比叡山に、清水堂を清水寺などに見立てている

福島県会津の旧正宗寺三匝堂は二重らせんの構造で、独特の建築空間を生み出している

巡礼と善光寺

長野の善光寺は、江戸時代に入り参詣者が次第に増加した。その背景には、大都市に出向いた「出開帳」（本尊などを外に持ち出して行う御開帳のこと）があった。江戸では回向院で行われ、「善光寺如来絵伝」という絵解きを通して信仰を集めた

妻入りの撞木造

裳階

現在の善光寺本堂は宝永4年（1707）に再建された

牛にひかれて善光寺参り

装飾化する寺院建築

江戸時代、幕府や藩の力が衰えていくなかで、民衆の信仰を集めることが寺社造営の原動力となっていきました。また、大工技術書や木割(モジュールに基づく木材の標準寸法)の普及によって技術面が画一化されると、建築全体の構成に対する注力が低下し、彫刻や彩色へ力が注がれるようになっていきました。

霧島神宮

正徳5年(1715)に薩摩藩主・島津吉貴の寄進によって建立された社殿。特に本殿の柱、梁、長押は朱漆塗で、豪奢なつくりである。また、柱に巻き付く龍など彫刻もふんだんに用いられている

龍の彫刻があしらわれた柱

本殿

大瀧神社本殿・拝殿

天保14年(1843)に建立された本殿は、大型の一間社流造で、その前面の入母屋造妻入りの拝殿と連結させている。その屋根は複雑に入り組んだ複合屋根で、さらに正面には軒唐破風が付き、装飾に富んでいる

切妻造　入母屋造　軒唐破風　本殿　拝殿

歓喜院聖天堂

奥殿、中殿、拝殿から構成される権現造[125頁参照]の形式である。延享元年(1744)に奥殿と中殿の一部が完成し、宝暦10年(1760)までに中殿と拝殿が完成した。奥殿を中心に装飾や彩色が多く施され、近世の華やかな建築文化がうかがえる

奥殿　中殿　拝殿

江戸時代の神社仏閣

黄檗宗の建築

黄檗宗は禅宗の宗派のひとつで、臨済宗・曹洞宗と合わせて三大禅宗とされています。宇治の萬福寺や長崎の崇福寺などが著名で、江戸時代初期に来日した隠元隆琦を開祖とし、明僧が多く招かれました。彼らは中国文化を日本にもたらした点でも大きな影響を及ぼしました。その伽藍や建築は、既往の日本の建築や禅宗様[106頁参照]とも異なる独自の様相を示していました。

開祖・隠元隆琦

万暦20年(1592)〜寛文13年(1673)。明における高名な僧で、承応3年(1654)に来日した。万治3年(1660)には江戸幕府から宇治の地を与えられ、萬福寺を開創した

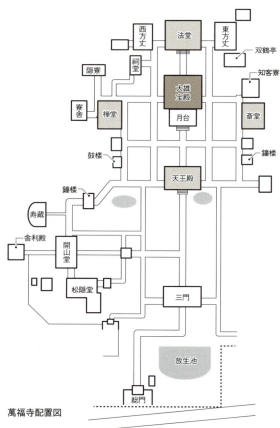

萬福寺配置図

黄檗宗の伽藍配置

仏堂である大雄宝殿を中心に、法堂や禅堂・斎堂などが整然と並び、全体は天王殿から延びた廻廊で囲まれている

細部意匠① 黄檗天井

大雄宝殿の正面などで、船底型の曲線状の垂木を化粧屋根裏の天井とすることがあり、これを黄檗天井という

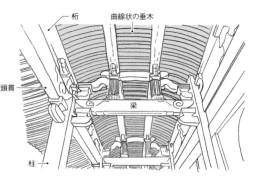

細部意匠② 円窓

禅宗様では花頭窓［107頁参照］が多く用いられるが、黄檗宗では円形の窓とした円窓を用いる

細部意匠③ 月台

大雄宝殿の前に設けられた方形の基壇。行事の際の参列者のためのスペースとして設けられた

細部意匠④ 組物

崇福寺第一峰門は、中国・寧波で刻んだ部材を輸送し、日本で組み上げられた門である。日本では用いられない、斜め方向に手先を出した組物が用いられている

四手先三葉栱の組物

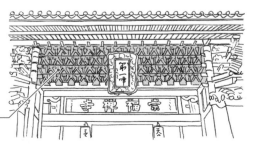

江戸時代の神社仏閣　123

霊廟建築の発展

近世には日光東照宮をはじめ、多くの霊廟が建てられました。霊廟の多くが権現造[次頁参照]とすることで、豪奢な建築を構成しています。将軍だけでなく大名や高僧の廟所もつくられ、大名墓所では華やかな禅宗様[106頁参照]を基調とするものや、住宅風のものがみられます。

日光東照宮

元和2年(1616)に徳川家康が没すると久能山に埋葬され、翌年に日光東照宮に改葬された。さらに三代将軍徳川家光が日光東照宮を造替し、現在のような豪奢な社殿が構築された。なお比叡山のふもとにある日吉大社末社東照宮は、僧・天海により寛永11年(1634)に現社殿が造替された。これは寛永13年の日光東照宮の造替に先行しているため、東照宮のプロトタイプ(試作)のひとつと考えられている

陽明門

本殿

色鮮やかな彫刻も有名だね

禅宗様の廟所

伊達家などの大名の霊廟や延暦寺の伝教大師御廟などの高僧の廟所では、禅宗様の華やかな意匠が用いられた

瑞鳳殿

住宅風の廟所

本興寺肖影堂のように、蔀戸などの住宅風の形式とすることもあった。これは死後の生活をイメージしたものと考えられる

本興寺肖影堂

権現造の特徴

権現造は平安時代に京都の北野社で発生した形式で、拝殿と本殿を石の間、または相の間でつないだ形式です。石の間や相の間を土間とすることもありますが、本殿と拝殿の間にも床を張り、幣殿とすることもありました。豊国廟が権現造で建てられ、日光東照宮[前頁参照]もこれを採用して以降、近世の神社建築で多く用いられました。

豊国廟

慶長4年(1599)に建立された豊国廟は、豊臣秀吉をまつるための廟所である。本殿と同じ幅の石の間を設けている

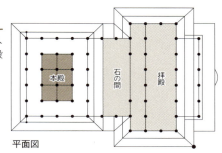

平面図

大崎八幡宮

大崎八幡宮に仙台城の北西に位置し、乾の方角の守りとした。現在の社殿は伊達政宗の寄進によるもので、慶長12年の造営である

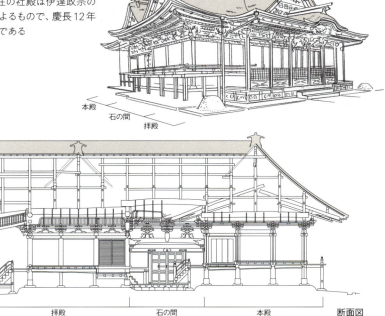

江戸時代の神社仏閣 125

明治維新と廃仏毀釈

慶応4年(1868)に神仏分離令が出されると、仏教の排斥運動が起こりました。これにより寺院建築や仏像などの破却が進み、明治初頭の寺院は経済的に苦しくなり、造営にも苦労するようになりました。東大寺大仏殿をはじめ、多くの古建築は軒が波打ち、修理を必要とする状況に陥るなか、明治13年(1880)頃から文化財保護の基礎ができ上がっていきました。一方で神社の建築も統制が進み、「制限図」による組物など装飾を抑えた形式の社殿がつくられるようになりました。また、平安神宮などの新しい神社も建立され、木造以外の構法も持ち込まれるようになり、後にこの手法が寺社建築にも適用されていきました。

寺社の復古様式の展開

近代以降、西洋建築が展開していくが、修理技術者や技手らによって、伝統建築の新造も進められた。亀岡末吉による「亀岡式」などが著名である。

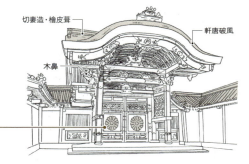

東本願寺菊門
明治44年に建てられた四脚門。彫刻や木鼻などに近代的な雰囲気が漂う亀岡式

明治期の寺院建築・東本願寺御影堂

元治元年(1864)の禁門の変で御影堂・阿弥陀堂が焼失したが、その再建には時間を要し、明治13年に起工され、明治28年に落成した。巨材の確保では、女性の毛髪と麻を編み込んだ毛綱を用いて各地から運搬した

大正期の寺院建築・大谷派本願寺函館別院本堂

大火による前身堂の焼失後、伊藤平左衛門の設計により再建された。木造の意匠を用いつつ、鉄筋コンクリート造で大正4年(1915)に建てられた

神社建築を統制する「制限図」

明治時代初頭、大蔵省の経済政策として神社建築の標準的な規格を定めるものとして「制限図」が策定された。組物を多用した近世のような社殿とは異なる、簡素な形式が推奨された

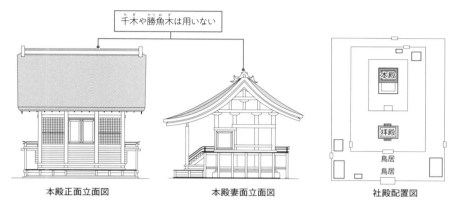

明治期の神社建築・平安神宮

平安京遷都1100年を記念して、明治28年に京都で開催された内国勧業博覧会の際に創建された。平安宮の八省院[131頁参照]を模して、8分の5スケールに縮小して建てられた。木子清敬・伊東忠太らによる設計

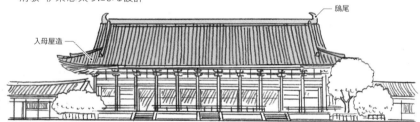

大正期の神社建築・明治神宮宝物殿

大正10年に正倉院の校倉造を模して、鉄筋コンクリート造で建てられた。周囲は花崗岩の石張りとして木造風の意匠としながらも、鉄筋コンクリートに石張りという近代らしい外観となっている

第 **3** 章
住宅の建築史

　天皇から庶民まで、さまざまな身分や役職に応じた住宅がありますが、宮殿は最も高級な建築に位置づけられます。ただし、日本では中世以降の武士の台頭により、宮殿の位置づけが他国とは状況が異なります。古代の宮殿では中国的な大極殿などと伝統的な内裏を共存させていました。また寝殿造、書院造といった住宅の形式はともに床張りで、現在の日本の住宅文化の一部が垣間見えます。現存する庶民の住宅の大半は近世以降の住宅ですが、地域の風土などの特性、都市部の敷地的制約に合わせて、さまざまなかたちの建築がつくられ、そこには知恵が詰まっています。

古代宮殿と律令制

古代には都城の整備とともに、宮殿が形成されていました。本格的な都城である藤原京の宮殿では、大極殿・内裏・朝堂院という3つの基本的な空間を備えていました。この基本的な構成は、その後の平城宮・難波宮・長岡宮・平安宮へと引き継がれていきました。

宮殿の基本構成

律令制の導入とともに、公的な空間である大極殿が内裏とは独立した区画として形成された。それ以前の宮殿は公私の空間が未分化だった

小墾田宮など飛鳥の宮殿は宮殿の公私がまだ分けられていなかった

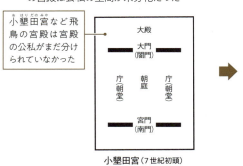

小墾田宮（7世紀初頭）

天皇の居所である内裏と政治・儀式の場である大極殿・朝堂院が分化した

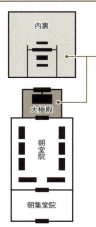

後期難波宮（8世紀後半）

古代の宮殿の構成

前期難波宮（7世紀半ば）
内裏と広大な朝堂院によって形成される空間構成であるが、大極殿は設けられなかった

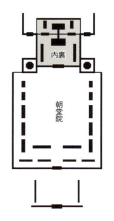

飛鳥宮（7世紀後半）
「エビノコ郭」と呼ばれる一角が内郭から独立して形成され、ここが大極殿とみられている。公的な空間としての大極殿の成立という画期となった

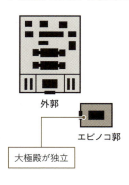

大極殿が独立

藤原宮（7世紀後半）
大極殿とともに広大な朝堂院が形成され、大極殿・内裏・朝堂院による構成が確立した

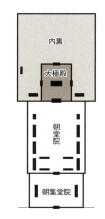

平城宮(8世紀)

大極殿・内裏・朝堂院による構成であるが、政務と饗宴のため、ふたつの朝堂院が設けられた

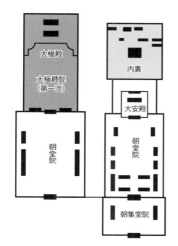

奈良時代前期

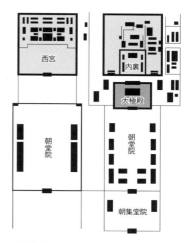

奈良時代後期

平安宮(8世紀末)

平城宮と同じく、政務と饗宴のためのふたつの朝堂院が設けられた。八省院では、大極殿と朝堂院が一体化した空間が形成された

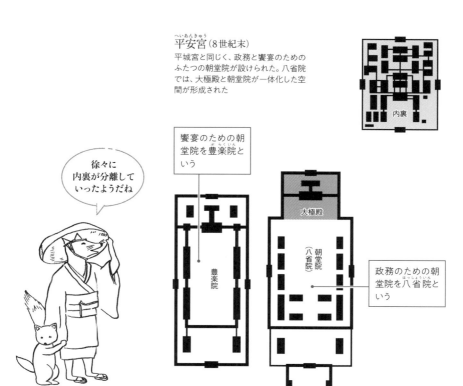

徐々に内裏が分離していったようだね

饗宴のための朝堂院を豊楽院という

政務のための朝堂院を八省院という

古代の宮殿　131

古代宮殿と大極殿

古代宮殿には公的な空間と都市的な空間が混在していましたが、宮殿において、最も重要な建築が大極殿でした。大極殿は即位式や元日朝賀などの国家儀礼を行う場であり、中国的な建築形式で建てられました。

大極殿の建築

大極殿は瓦葺・礎石・朱塗り・土間という中国的な建築でつくり上げた

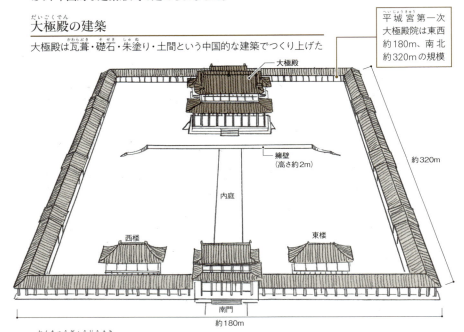

平城宮第一次大極殿院は東西約180m、南北約320mの規模

『年中行事絵巻』にみる大極殿

『年中行事絵巻』は平安時代後期に宮殿の儀式を絵巻として記録したもので、平安宮の建築のようすがうかがえる。『年中行事絵巻』の平安宮大極殿は単層入母屋造、瓦葺の屋根で、礎石・朱塗りの柱、土間の建築が描かれている

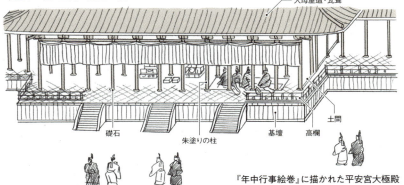

『年中行事絵巻』に描かれた平安宮大極殿

朝堂院と大嘗宮

朝堂院は政務・儀式などが行われた宮殿の中心的な施設で、細長い殿舎が左右対称に8堂、12堂など複数棟が並ぶ空間です。ここには天皇の代替わりの際に行われる大嘗祭のための大嘗宮も設けられました。平安宮では政務のための朝堂院と大極殿が一体化し、八省院がつくられました。

朝堂院の建築

小墾田宮の朝堂
飛鳥の小墾田宮では、朝堂と朝堂で囲まれた庭によって構成されていた［130頁参照］

残された「平城宮東朝集堂」
平城宮の東朝集堂は、後に唐招提寺講堂［78頁参照］として改築されている。発掘調査や解体修理の際の痕跡調査から、当初は切妻造で正面・背面が吹放しの建築であったことが知られる

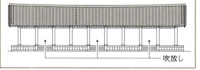
吹放し

平城宮

ふたつの朝堂院
平城宮や平安宮ではふたつの朝堂院が設けられた。ひとつは12堂で構成された政務空間で、もうひとつは8堂で構成された饗宴のための空間だった［131頁参照］

大嘗宮の構成

大嘗宮は大嘗祭のために建てられる仮設の殿舎で、悠紀・主基院からなる。室・堂に分かれた正殿のほか、御厠・膳屋・臼屋などの殿舎で構成される。黒木（皮付）・青草葺などでつくられ、壁や建具も原始的構法が用いられる

大嘗祭とは？
天皇は五穀豊穣のための収穫祭である「新嘗祭」を毎年行うが、なかでも天皇の即位後、最初に行われる新嘗祭のことを「大嘗祭」という。新穀をもって天神地祇をまつる儀式で、新穀を奉る悠紀・主基の地方を定める

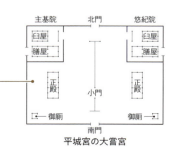
平城宮の大嘗宮

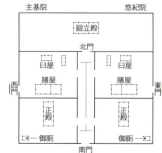
平安宮の大嘗宮

古代の宮殿　133

内裏の紫宸殿と清涼殿

内裏は中国風の大極殿とは対照的に、伝統的な建築形式をとっていました。内裏は天皇の居所であり、平安宮の内裏は東西約170m、南北約210mと大規模なものでした。南半分に紫宸殿、清涼殿などの天皇関係の殿舎が、北半分に弘徽殿など皇后関係の殿舎が配されました。なお内裏が被災した際などには、大内裏の外に里内裏という仮の内裏が設けられました。当初は一時的な使用に限られましたが、次第に里内裏に常時滞在するようになっていきます。

儀礼の場・紫宸殿

内裏の正殿。檜皮葺、入母屋造の屋根で、桁行9間、梁間3間の身舎に四面廂を廻らせている。安貞元年(1227)の焼亡による大極殿の放棄後は、紫宸殿で即位や大嘗会などの重要な儀式が執り行われた

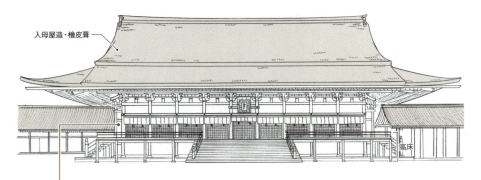

入母屋造・檜皮葺

高床

京都御所紫宸殿
現在の京都御所に建てられた紫宸殿は江戸時代に再建されたもので、平安時代の様式に復古したものである

雅な場所だにゃ

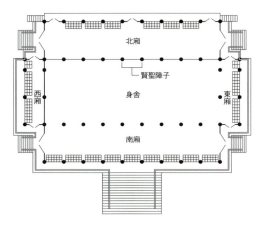

京都御所 紫宸殿平面図

北廂／賢聖障子／西廂／身舎／東廂／南廂

政務と生活の場・清涼殿

紫宸殿の西に位置する主要殿舎で、檜皮葺、入母屋造の殿舎である。その東面では、小朝拝、叙位などの儀式や政務が行われた。政務のための昼御座と、寝所である夜御殿が混在する

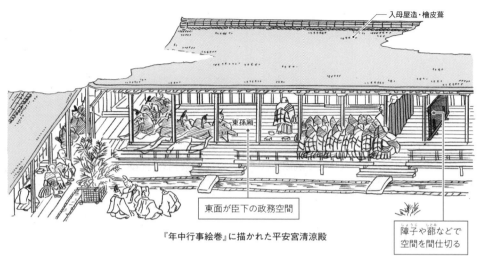

入母屋造・檜皮葺

東面が臣下の政務空間

『年中行事絵巻』に描かれた平安宮清涼殿

障子や軟障などで空間を間仕切る

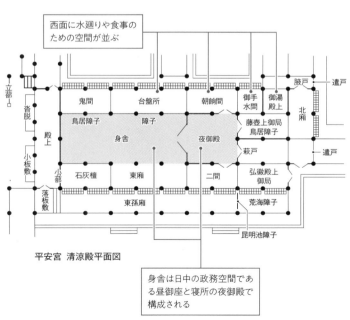

西面に水廻りや食事のための空間が並ぶ

平安宮 清涼殿平面図

身舎は日中の政務空間である昼御座と寝所の夜御殿で構成される

古代の宮殿　135

奈良時代の貴族住宅

寺院や宮殿の大極殿などの建築は、礎石・朱塗り・瓦葺・土間などの大陸風の要素を多くもっていました。これに対して、実生活に密着する貴族邸宅では、高床・植物性材料の葺材・掘立柱・素木などの伝統的な要素が受け継がれていました。

造営関連の文書と藤原豊成殿

造営の際には、部材の発注や移送などのための文書が作成された。これらには部材の数・大きさなどが記載され、そこから建築のかたちを推定できる。奈良時代の貴族・藤原武智麻呂の息子であり、奈良時代前半に権勢を誇った藤原豊成の場合、紫香楽宮から平城京へ還都する際に、石山寺に住宅を移築した。その際の移送の文書が残され、そこには柱・桁をはじめとする部材の数や寸法が詳細に記載されている

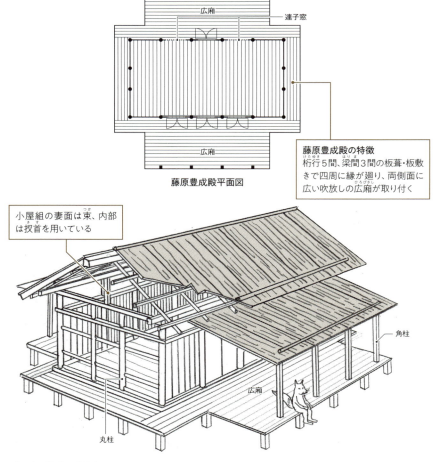

藤原豊成殿平面図

藤原豊成殿の特徴
桁行5間、梁間3間の板葺・板敷きで四周に縁が廻り、両側面に広い吹放しの広廂が取り付く

小屋組の妻面は束、内部は扠首を用いている

角柱　広廂　丸柱

136　第3章／住宅の建築史

現存する貴族住宅

奈良時代の貴族邸宅がそのまま残っているものはないが、法隆寺には仏堂として転用された住宅建築が残されている。この伝法堂に残された痕跡をもとに、かつての貴族邸宅の姿が推定され、床張り・植物性材料の葺材で、開放的な吹放しの場が設けられていたと考えられている

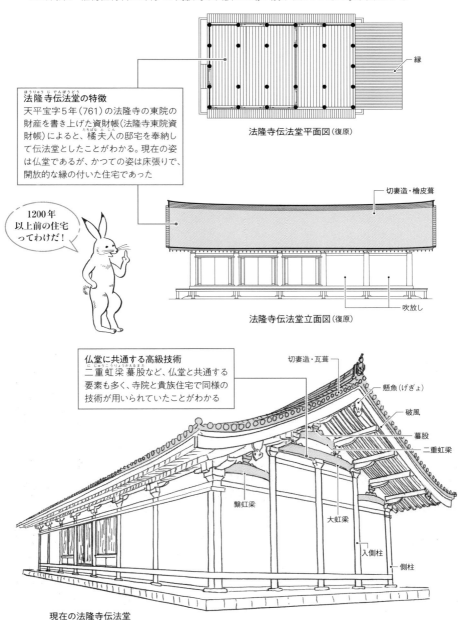

法隆寺伝法堂の特徴
天平宝字5年（761）の法隆寺の東院の財産を書き上げた資財帳（法隆寺東院資財帳）によると、橘夫人の邸宅を奉納して伝法堂としたことがわかる。現在の姿は仏堂であるが、かつての姿は床張りで、開放的な縁の付いた住宅であった

1200年以上前の住宅ってわけだ！

法隆寺伝法堂平面図（復原）

切妻造・檜皮葺

吹放し

法隆寺伝法堂立面図（復原）

仏堂に共通する高級技術
二重虹梁 蟇股など、仏堂と共通する要素も多く、寺院と貴族住宅で同様の技術が用いられていたことがわかる

切妻造・瓦葺
懸魚（げぎょ）
破風
蟇股
二重虹梁
繋虹梁
大虹梁
入側柱
側柱

現在の法隆寺伝法堂

古代の住宅　137

発掘された奈良時代の豪邸

平城京では発掘調査が進んでいますが、その建物の主人の名前はなかなかわかりません。しかし長屋王邸では、「木簡」という文字を書いた木札が出土したことで、邸宅の主がわかりました。この木簡には運ばれてきた食べ物なども記され、奈良時代の貴族生活の様相の解明にも役立ちました。

長屋王邸の全体構成

4坪分の規模をもつ巨大な邸宅で、平城宮にも近い位置にある。邸宅は正殿・脇殿による中心部の公的な空間と、背面側のバックヤード、南東隅部の苑池などで構成される。高市皇子の子で奈良時代前期に政界を導いた長屋王の邸宅である

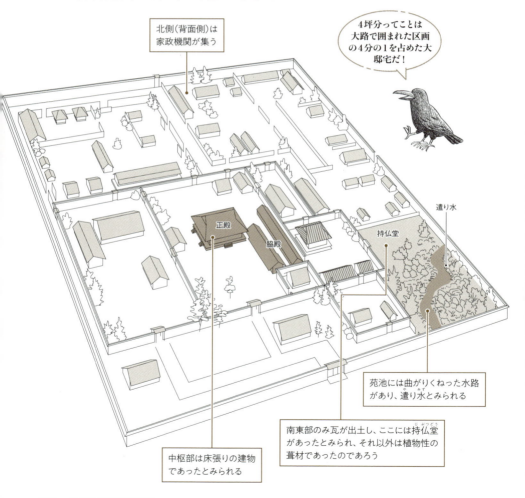

奈良時代の宮殿と庭園

飛鳥宮には、飛鳥京苑池という石でつくられた庭園が設けられていました。一方、平城宮では東の張り出し部分の東院南部に庭園が設けられ、この東院庭園で宴会が行われました。

平城宮の東院庭園

東院庭園は飛鳥京苑池のような石組みを主体とするものではなく、築山・遣り水・州浜・景石などの手法を用いた。これらの構成には、自然景観を取り込んだ日本の庭園の基礎がみえる。なお平城宮では宮城の内部に庭園が設けられたが、平安宮では宮城外に神泉苑が設けられた

遣り水
蛇行させて流れる川で、石組みの溝や給水地の湧き水では曲げ物などが設置された

曲水の宴
宮中などで、三月三日の上巳の節会で行われた遊宴。庭園の遣り水の流れに沿って座り、流される杯が自分の前を通り過ぎないうちに詩歌を詠み、杯を取って酒を飲む儀式である

築山

露台

洲浜・景石

中島

隅楼（2階建）

古代の住宅

大規模な寝殿造

奈良時代から平安時代に入り、平安京では貴族文化が成熟していき、「寝殿造」と呼ばれる住宅がつくられました。自然と人工物を調和させた、日本の独自性の高い住宅です。この寝殿造は奈良時代の貴族邸宅から変化したものとみられ、共通点もあります。

寝殿造とは？

平安時代中期に成立した貴族の住宅形式で、敷地中央に寝殿を置き、その東・西・北に、対屋を設け、それぞれを渡殿でつなぐ。中門廊を延ばしたり、南側の庭まで渡殿を延ばして、釣殿を設けたりした

寝殿造の建築的特徴
寝殿などは掘立柱・丸柱・檜皮葺・高床の構成で、広廂が付いていた。内部には寝所の「塗籠」が設けられた

寝殿造の建築的特徴
敷地の入口周辺には、門や侍廊、車宿が設けられた。中門廊の外には牛車や待ち人のためのスペースが設けられ、中門と中門廊によって内外の境界が区切られていた

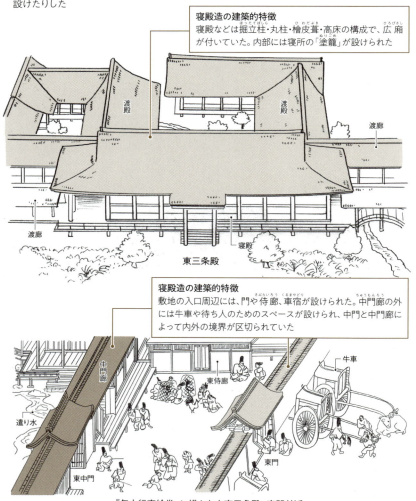

『年中行事絵巻』に描かれた東三条殿・東門付近

140　第3章／住宅の建築史

藤原氏の豪邸・東三条殿

東三条殿は藤原氏長者の邸宅である。敷地中央に寝殿を置き、その南側には白砂の庭を設ける。寝殿の東には対屋を設け、渡殿でつないだ。中門廊は東側に設ける。南側の庭まで渡殿を延ばして、釣殿を設ける。南半分には池を備えた庭園を設ける

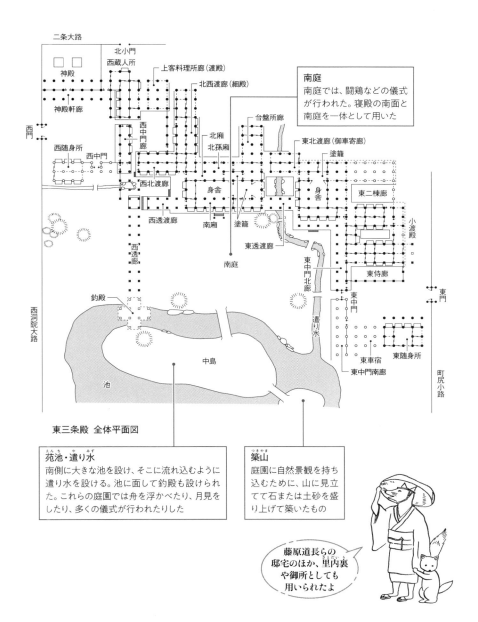

東三条殿 全体平面図

南庭
南庭では、闘鶏などの儀式が行われた。寝殿の南面と南庭を一体として用いた

苑池・遣り水
南側に大きな池を設け、そこに流れ込むように遣り水を設ける。池に面して釣殿も設けられた。これらの庭園では舟を浮かべたり、月見をしたり、多くの儀式が行われたりした

築山
庭園に自然景観を持ち込むために、山に見立てて石または土砂を盛り上げて築いたもの

藤原道長らの邸宅のほか、里内裏や御所としても用いられたよ

古代の住宅　141

さまざまな寝殿造

寝殿造は奈良時代の貴族邸宅との共通点がみえるほか、発掘調査によって、平安時代前期の貴族邸宅の様相も明らかになっています。また格別の規模であった東三条殿［前頁参照］とは異なり、小規模な寝殿造もありました。ただし最小限の寝殿造でも、寝殿・中門廊・車宿などの最低限の施設は設けられていました。

平安時代初期の貴族住宅

発掘調査で見つかった邸宅では、庭が南ではなく北にあるものや、苑池がないものもあった。右京六条一坊五町の邸宅は9世紀中頃の建築だが、南北に建物群があり、苑池は確認されなかった。正殿・後殿・脇殿が廊下で連結している

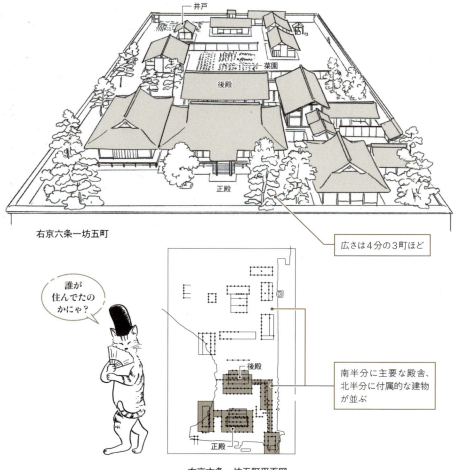

右京六条一坊五町

広さは4分の3町ほど

誰が住んでたのかにゃ？

南半分に主要な殿舎、北半分に付属的な建物が並ぶ

右京六条一坊五町平面図

142　第3章／住宅の建築史

平安時代初期の寝殿造のバリエーション

右京一条三坊九町の邸宅
寝殿造のなかには、正殿・脇殿の構成をとるものもあった

藤原良相邸
9世紀初頭の平安京右京三条一坊六町の貴族邸宅。敷地の北半分に東西ふたつの角池があり、南半分に主要建物があったと想定される

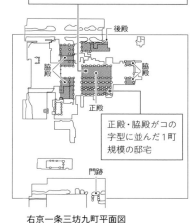

9世紀初頭の右京一条三坊九町の建築の場合、瓦の出土が少ないことから、檜皮葺に甍棟だったと推定される

正殿・脇殿がコの字型に並んだ1町規模の邸宅

右京一条三坊九町平面図

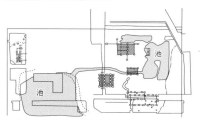

右京三条一坊六町（藤原良相邸）平面図

右京三条二坊十六町の邸宅
9世紀末の斎王邸だが、北半分に主要建物と3つの池があるほかは、正殿相当の建物は見つからなかった

右京三条二坊十六町（斎宮）平面図

藤原定家邸は小規模な寝殿造

鎌倉時代の貴族で、歌人としても著名な藤原定家の邸宅は小規模であった。嘉禄2〜寛喜2年（1226〜1230）にかけて敷地を拡大させていった。寝殿・中門廊・遠侍・車宿を備えた程度の構成だった

4分の1町（8戸主）程度の規模

藤原定家邸平面図

古代の住宅　143

寝殿造の室礼（しんでんづくりのしつらい）

寝殿造の邸宅では多くの儀式が行われましたが、儀式ごとに建築を設けるのではなく、屏風や衝立障子などの調度を用いて空間を分節し、儀式ごとに空間をつくり替えていました。こうした儀礼のようすは貴族の日記など儀式に関する文献史料のほか、絵巻物や絵図にも描かれています。

『類聚雑要抄』に描かれた東三条殿

『類聚雑要抄』と調度と室礼

空間を整えるための器物や道具類を「調度」といい、宴や儀式などの日に、寝殿造の身舎や廂に調度類を置いて装飾することを「室礼」という。『類聚雑要抄』は平安時代後期に実務者(作者不詳)によって記された記録で、摂関家の東三条殿[140頁参照]の寝殿の室礼や調度の様相がわかる

寝殿造の調度
間仕切などのために用いられる屏障具として、壁代・屏風・簾・衝立・几帳などが用いられた。また座具として、畳や円座などが用いられた

寝殿造の建具
遣り戸・蔀戸・板戸などの建具が設けられた

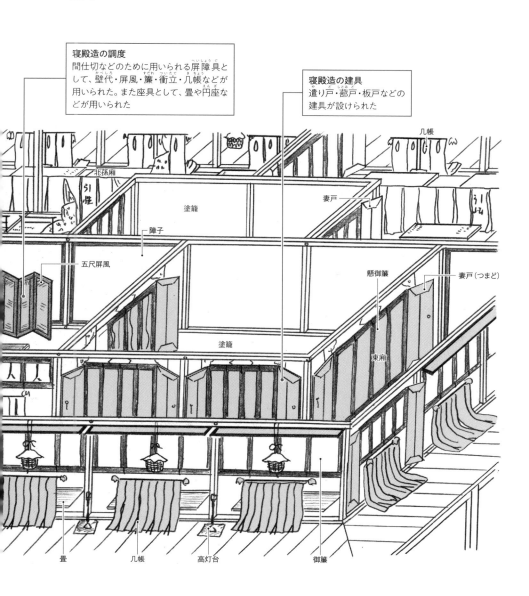

古代の住宅 145

平安時代の京の町並み

中世以前の庶民住宅は現存建築も残らず、文献史料に記述されることや絵画に描かれることが少ないため、その様相は詳細にはわかりません。現代に伝わる数少ない絵巻として、『年中行事絵巻』や『一遍上人絵伝』などがあります。これらに描かれた風景を通して、当時の庶民住宅のようすや町並みをみてみましょう。

『年中行事絵巻』に描かれた京の町並み

『年中行事絵巻』は平安時代後期の宮廷行事や祭礼、法会などを描いたものだが、一部に京の町並みが描かれている。瓦葺や檜皮葺の宮殿や貴族邸宅に対して、板葺で網代塀の庶民住宅も描かれ、連続して建ち並んでいるようすがわかる

『年中行事絵巻』に描かれた京の町並み

古代の住宅　147

鎌倉時代の武士の住宅

中世に入ると武家が台頭していきますが、その住宅は独自性のあるものではありませんでした。独自の建築形式を獲得できていなかった鎌倉の武家の建築は、寝殿造を京から学び、その系譜を引き継いだものでした。これらの建築は現存していませんが、絵巻物などから、かつての様相がうかがえます。やがて寝殿造の接客空間の性質が中世以降に変化し、武家住宅の客間へと発展していきました。

法然の父・漆間時国の邸宅

漆間時国は浄土宗を広めた僧・法然の父で、その邸宅（法然の生家）は『法然上人絵伝』に描かれている。寝殿を中心に、中門廊・廂などが設けられ、小規模な寝殿造との共通点が多い

『法然上人絵伝』に描かれた漆間時国邸

『一遍上人絵伝』に描かれた武士の住宅

筑前国の武士の邸宅は、堀・板塀・櫓門を備え、武芸のための前庭が広がっている。主屋は面取角柱で長押を打ち、一部を畳敷きとしている

『一遍上人絵伝』に描かれた武蔵国の武家屋敷

『蒙古襲来絵詞』に描かれた武士の住宅

秋田城介(安達)泰盛の鎌倉の邸宅では、上土塀・平唐門を境界に設け、内部には侍廊・主屋を設けている。主屋は板葺で、蔀戸を吊り、面取角柱を立て長押を打つ。追廻敷で畳を敷いている

座の位置の違い
ここでは、竹崎季長が安達邸に赴き依頼をしているため、畳上の主人・安達と畳のない板敷きの客人・竹崎という座の違いがあり、両者の関係性を示している

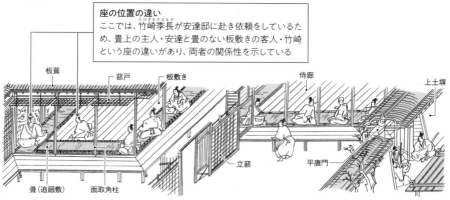

『蒙古襲来絵詞』に描かれた安達泰盛邸

『男衾三郎絵詞』に描かれた武士の住宅

鎌倉時代の絵巻物『男衾三郎絵詞』では武蔵国の兄弟の邸宅が描かれ、弟邸(上)は主屋が板葺で、中門廊の前庭で武芸をしている。主屋や中門廊は蔀戸・丸柱・長押を用い、畳敷きを設けている。対する兄邸(下)は檜皮葺で彩色がなされ、釣殿や池を備えた庭園をもち、弟邸よりも豪華なつくりとなっているのがわかる

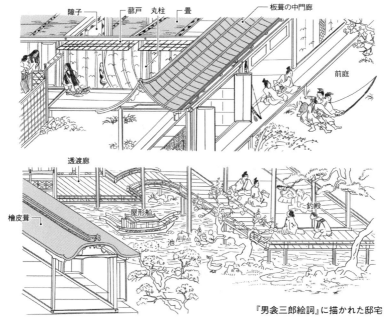

『男衾三郎絵詞』に描かれた邸宅

中世の住宅　149

鎌倉時代の地方の町並み

京都は『洛中洛外図』をはじめ、絵画などに描かれたものが比較的多く残されています。一方で地方になると、その様相が描かれることはまれです。その数少ない様相を描いたものに『一遍上人絵伝』があります。ここには各地の寺院のほか、庶民の町並みも描かれています。

『一遍上人絵伝』に描かれた地方都市の町並み

『一遍上人絵伝』は時宗の開祖・一遍の一生を描いたもので、一遍が地方へ赴いた際のようすが描かれている。大津の町並みでは、平入り・片側土間の町家が並び、一部には接道しない家もみえる。こうした構成は、近世の町家とは異なる特徴である

平入りの民家が連なる

『一遍上人絵伝』に描かれた大津の町並み

中世の住宅　151

室町時代の武士の住宅

室町時代に入り、幕府が鎌倉から京へ移ると、武士の住宅にも変化が生じました。特に大きな変化を引き起こしたのが、「会所」の出現でした。室町時代の高級住宅としては将軍邸や管領[※]邸があり、これらの姿は『洛中洛外図』に描かれています。

『洛中洛外図』の室町将軍邸

『洛中洛外図』は、室町時代後期の京都の市街と郊外の景観を描いた屏風絵で、歴博甲本や上杉本など一部のものは中世の町並みを描いている。歴博甲本に描かれた享禄3年(1530)頃の室町将軍邸は、上土塀で囲まれ、四脚門と平唐門が開き、内部には檜皮葺の主殿を中心に、池庭に面して会所が設けられている

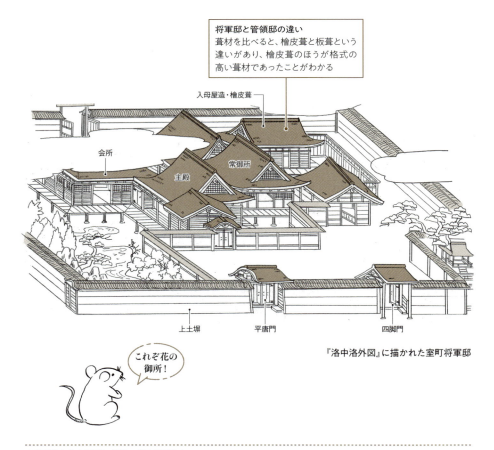

『洛中洛外図』に描かれた室町将軍邸

※ 室町将軍に次ぐ最高位の役職で、幕政を統轄した

『洛中洛外図』の細川管領邸

上杉本に描かれた16世紀中頃の細川管領邸は、上土塀で囲まれ、四脚門と平唐門が開き、内部には板葺の主殿を中心に、池庭に面して会所が設けられている。正門や主殿の入口のみ、接客のために檜皮葺としている

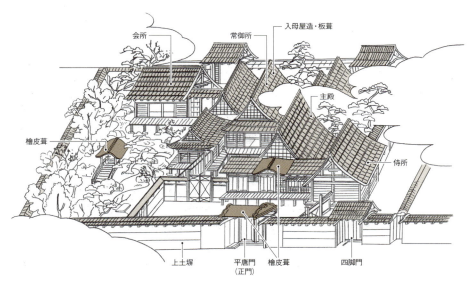

『洛中洛外図』に描かれた細川管領邸

足利義教邸(室町殿)

室町幕府六代将軍足利義教の邸宅は、足利義満の花の御所の跡地に建てられた。寝殿の左に中門廊や車宿があり、公卿座も寝殿側に置かれる。基本的には寝殿造の構成である

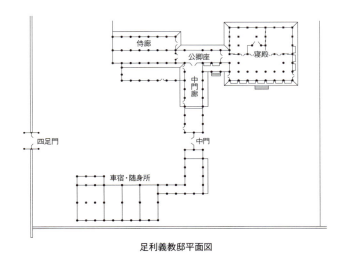

足利義教邸平面図

中世の住宅　153

会所の発生

室町時代に入ると、武家住宅のなかに、公式の儀礼の場として使う寝殿とは別の接客施設として「会所」が発生しました。会所では私的で遊興的な行事が開かれ、座敷を飾り立てるのが通例でした。そこに置かれる唐物などは同朋衆によって鑑定・収集され、室町時代後期の東山文化へと展開していきました。

会所とは？

公家や武家、寺社の住宅に設けられた施設で、室町時代初期に発達した。歌会、闘茶、月見などの会合が開かれ、その座敷飾りとして置物を飾る風習があり、唐物が珍重された

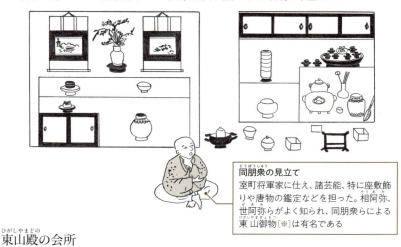

同朋衆の見立て
室町将軍家に仕え、諸芸能、特に座敷飾りや唐物の鑑定などを担った。相阿弥、世阿弥らがよく知られ、同朋衆による東山御物[※]は有名である

東山殿の会所

室町幕府八代将軍足利義政の山荘の会所は、長享元年(1487)に完成した。中心の部屋は3間×3間の9間で、畳2畳分の大きさを「一間」として表現している。また、「石山の間」という床・棚・書院・押板などの構成がみえる。間仕切が多く、小部屋で構成されている点でも、寝殿造とは大きく異なる

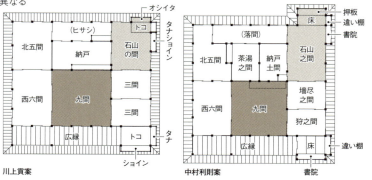

※ 八代将軍足利義政によって収集された絵画・茶器・花器・文具などのこと

書院造の成立

平安時代には貴族の邸宅として「寝殿造」が多くつくられましたが、室町時代には武家の住宅の形式として「書院造」が形成されていきます。それまでは主に調度で空間を仕切っていたのに対し、書院造では柱などで小さな部屋に分けられ、畳が部屋中に敷き詰められるなどの変化がありました。

慈照寺東求堂

室町幕府八代将軍の足利義政の山荘である東山殿に建てられた持仏堂である。床張りの内部空間は小部屋に分かれている

東求堂平面図

慈照寺東求堂

小部屋の発生
寝殿造では屏風や障塀具などの調度によって空間を仕切っていたが、書院造では柱間装置を用いて小部屋に分けるようになった

同仁斎にみる書院造の特徴

同仁斎は慈照寺東求堂の北東に位置する四畳半の部屋で、棚・付書院を備え、書院造の萌芽とされる

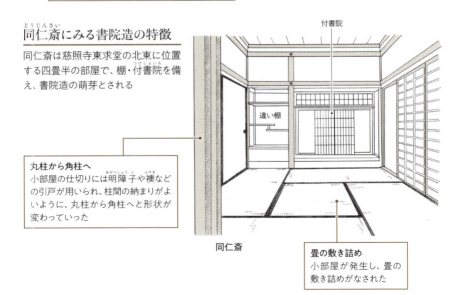

同仁斎

丸柱から角柱へ
小部屋の仕切りには明障子や襖などの引戸が用いられ、柱間の納まりがよいように、丸柱から角柱へと形状が変わっていった

畳の敷き詰め
小部屋が発生し、畳の敷き詰めがなされた

中世の住宅

座敷構えの源流と成立

書院造の座敷構えの基本である「床の間」「違い棚」「付書院」「帳台構え」は、同時的に、相互に関連しながら発展していったわけではありません。それぞれに源流があり、絵巻物に描かれたようすから座敷構えの成立過程をうかがい知ることができます。こうした座敷の飾り付けが社会的なステータスとなると、座敷飾りによる差別化が進んでいきました。差別化は共通の文化的背景のもとで成立し、武家故実を整備する一助になると同時に、美術工芸品の違いが武家の文化を醸成していきました。

『慕帰絵詞』の掛け軸と押板

『慕帰絵詞』は、観応2年(1351)に成立した絵巻物である。文明14年(1482)に巻1・7を補足したもので、僧・覚如の一生を描いている。『慕帰絵詞』には床の間の表現があり、巻5と巻10では壁に掛け軸が掛けられている。また巻1(補足)には軸を掛ける床の間があり、この頃には床の間が成立していたことがわかる

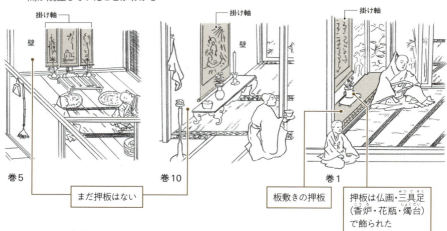

巻5　　　巻10　　　巻1

まだ押板はない　　板敷きの押板　　押板は仏画・三具足(香炉・花瓶・燭台)で飾られた

『春日権現験記絵』の経棚

鎌倉時代末期の『春日権現験記絵』巻8には大舎人入道の家が描かれ、付廂のところに棚(経巻)が描かれている。これが次第に固定化されていき、座敷構えの棚となっていった

巻8に描かれた大舎人入道の家

156　第3章／住宅の建築史

『法然上人絵伝』の出文机

浄土宗の開祖・法然の生涯を描いた『法然上人絵伝』は鎌倉時代末期の成立で、巻17には僧侶が物書きをしている場面がある。ここで出文机(だしふづくえ・いだしふづくえ)が描かれ、建物の主体部に付庇を付け、そこを机としている。屋根が唐破風状の描写もあり、付書院の源流となった

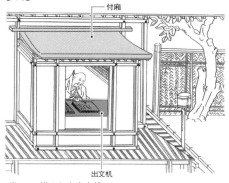

巻17に描かれた出文机

書院造の座敷構え

寝所や貴重品の収蔵場所として閉鎖的な空間である寝殿造の塗籠との入口を装飾化したのが帳台構えである

現代の座敷構え

現在の和室にも座敷が設けられている。基本的な構成は床の間・違い棚・付書院で、床の間には床柱が立てられる。床柱には銘木や奇木、床板には一枚板が用いられることもある。違い棚の上下には天袋や地袋が設けられることもある

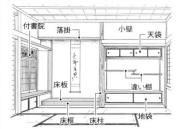

座敷構え

床の間、違い棚、付書院が基本的な構成。茶室などでは省略され、床の間のみとすることも多い

建具

現在の和室では、明障子や襖などの建具が用いられる。これらの建具は引違い戸で、高い施工精度が求められる

畳

畳も和室の重要な要素で、畳の敷き詰めは書院造の特徴のひとつである

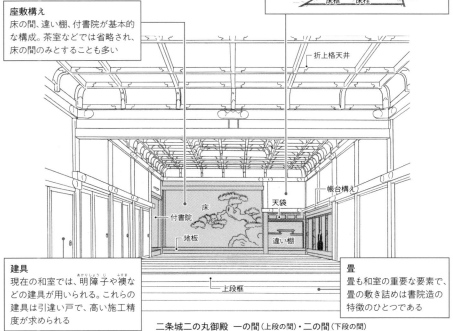

二条城二の丸御殿 一の間(上段の間)・二の間(下段の間)

中世の住宅 157

中世の楼閣建築

貴族邸宅の寝殿造では上層に上る楼閣はつくられませんでしたが、禅宗寺院の住坊などでは2階に上る形式も用いられるようになりました。特に室町時代の建築では、上層に上る楼閣がみられ、その代表的なものが金閣(鹿苑寺舎利殿)・銀閣(慈照寺観音殿)で、これらは住宅の要素を含んでいます。

将軍邸と山荘

室町幕府の将軍は代替わりごとに邸宅を替える慣習があり、現存する建築は慈照寺のみである。室町通に面した通称「花の御所」の将軍邸[152頁参照]とは別に、北山殿や東山殿のような山荘を景勝地に営んだ

鹿苑寺舎利殿(金閣)

室町幕府三代将軍足利義満が京都・北山に営んだ山荘の舎利殿である。応永5年(1398)頃に建てられ、義満の死後に鹿苑寺となった

舎利殿は初層を寝殿造、2層目を和様、最上層を禅宗様の様式とした、3層の楼閣建築である

慈照寺観音殿(銀閣)

室町幕府八代将軍足利義政が東山に建てた山荘で、文明14年(1482)から造営を開始したが、義政の存命中は未完であった。ほかにも常御所(つねのごしょ、主人の居住空間)・会所(かいしょ)・持仏堂(じぶつどう)などが設けられたが、公的な寝殿は計画されなかった。義政の死後に慈照寺となった

仏殿と書院造を併せ持つ2層の建物となっている

2階は禅宗様の仏殿風

1階は腰高障子の付いた住宅風

僧の居室・方丈

方丈は禅宗寺院における住持(寺の主僧)の居室で、正面・背面に分けた6室の構成とし、その正面に広縁や玄関が付加されています。このうちの正面側を公的なハレの空間、背面側を日常のケの空間として、使い分けていました。正面中央の空間は仏事空間として、室中と呼びました。

部屋の大きさと畳

方丈や会所では、畳を敷き詰めたり、畳で部屋の大きさを表現したりする例が散見される。たとえば文明17年(1485)に再興された興福寺の子院の「仏地院主殿指図」には、2畳を1間として表現する部屋名がある

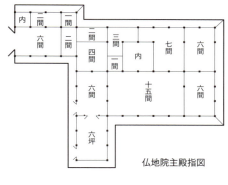

仏地院主殿指図

龍吟庵方丈

龍吟庵は、室町時代初期に建造された方丈建築である。全体は6室の構成で、広縁と玄関が付く。中心の部屋は室中と呼ばれる仏事の空間で、6室の前後で公私の使い分けをする

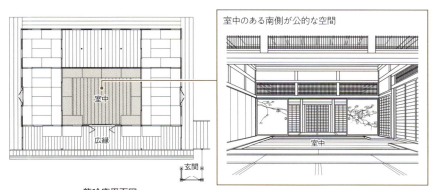

龍吟庵平面図

室中のある南側が公的な空間

中世の住宅　159

茶の文化と茶人

茶の文化は古代から存在していましたが、中世以降になると文化的に成熟していきました。その成熟とともに、千利休に代表されるような有名茶人が登場します。また、茶の場所も時代が下るにつれ専用の茶室が形成されていき、特に茶人は趣向に合わせて「○○好み」と呼ばれる茶室を考案するまでになりました。

茶の文化の成熟

古代から茶の文化は存在し、中世には「茶礼」として禅宗や上流階級の喫茶習慣が存在した。また茶の寄合では、茶の銘柄を当てて競う「闘茶」が盛んになり、賭博化していった。室町幕府三代将軍足利義満～六代将軍義教の頃に、茶に招いた接待「殿中の茶」が成熟し、茶器や唐物を用いた座敷飾り［154頁参照］とともに芸能化した。さらに茶を点てて飲む行為が芸能化し、山荘趣味や茶屋、その源流としての民家が重んじられるようになった。「侘び茶」の創始者・村田珠光の登場以前は、広間や座敷など、部屋の一部を区切って茶の湯の場にあてていた。別の場で点茶して持参する形式だったが、次第に専用の茶室が形成されるようになっていった

茶の湯を文化にした茶人たち

村田珠光は侘び茶の精神を推し進め、専用施設としての茶室をつくった。武野紹鴎がこれを洗練させ、千利休が侘び茶を大成させると、織田有楽斎・古田織部・小堀遠州らの大名茶人が受け継いだ

『山上宗二記』に残る武野紹鴎の茶室

面坪ノ内、脇ノ坪ノ内などが置かれた。町家に茶室を設ける場合は建物全体部分の背面に茶室を置くことになり、茶室へつながる細い通路を「ろぢ」と呼んだ

「脇ノ坪ノ内」「路地」「路次」「廊地」など、露地の萌芽が天正16年(1588)に記された『山上宗二記』などに確認できる

採光のための庭。北面の光のほうが床の間飾りを美しく見せるため、北側採光が好まれた

細長い道って静かで落ち着くな

古田織部の茶室「燕庵」
古田織部は侘びからの転向を目指し、武家社会に適合した茶室をつくり上げた。その過程で、露地を展開させ、さまざまな装置を整えた

露地
町家の場合、細い通路を伝う構成で、「ろぢ」といった。露地は茶室のアプローチとして重要な役割を果たした

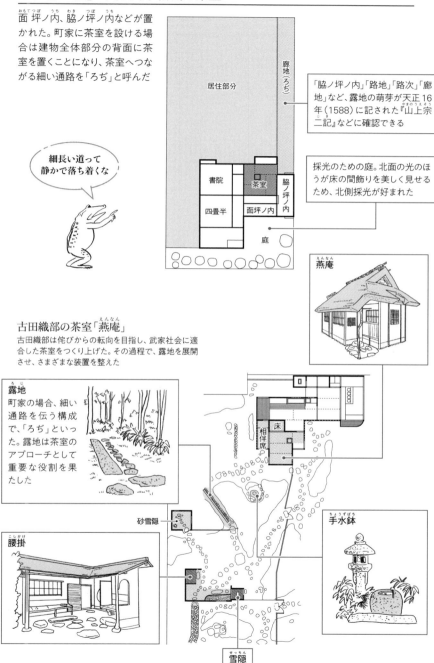

砂雪隠

腰掛

手水鉢

雪隠

茶室の発展

千利休と茶室の草庵化

千利休は侘び茶を大成させただけでなく、茶室にも変革を起こしています。「市中の隠」というような、都市部にありながらも山荘に隠遁するような茶室を体現すべく、下地窓・にじり口・室床などの独特の手法を用いました。また、茶室をより小規模にすることで、空間の凝縮を図りました。

たった二畳の小宇宙

千利休の現存唯一の茶室とされる妙喜庵待庵は二畳の茶室で、唐物尊重の風潮から脱し、侘び茶に徹するため小規模化している。天正10年(1582)築

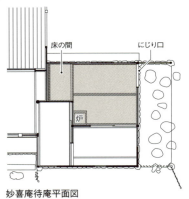

妙喜庵待庵平面図

二畳・四畳半という規模感

千利休は四畳半を茶室の基本の規模として、それより小さいものを小間(こま)、大きいものを広間(ひろま)と呼んだ。四畳半は聚楽屋敷(じゅらくやしき)の茶室で完成したが、現存していない。利休の茶室を写した裏千家の茶室・又隠(ゆういん)が天明8年(1788)年に再建され、現存しているのみである

又隠・今日庵平面図

台目畳
茶室の小規模化のため、畳の大きさの縮小にも工夫が施された。台目畳は本畳の1畳から台子(棚物)の部分を切り取った4分の3ほどの大きさで、武野紹鷗あるいは千利休の時代に創始されたとされる

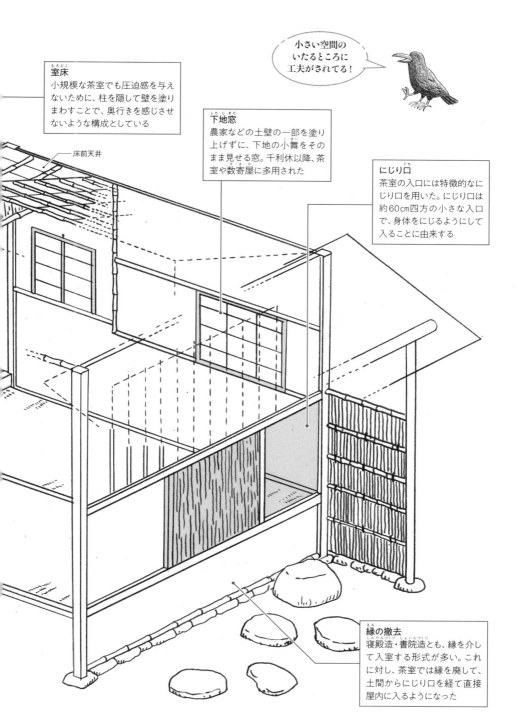

茶室の発展

武家と茶室

千利休は侘び茶を極め、茶室を小規模にしたり装飾を排除したりといった革新を進めていきましたが、武家社会や故実が成立してくると、茶室は武家のためのものに変容していきました。それを牽引したのが、織田有楽斎・古田織部・小堀遠州などの大名茶人でした。大名茶人らの茶室には、書院造の手法が持ち込まれました。

織田有楽斎と有楽好み

織田信長の末弟で、本名は長益。千利休より台子（棚物の茶道具）を相伝した高弟で、武家社会に適合した格式を茶室に持ち込んだ。千利休の茶室からの脱却を目指し、多様な茶室の創出と自由な床の位置を試みた。また、多窓趣味や千利休が用いなかった竹の中柱や上段など、茶室内に階層を持ち込んだ

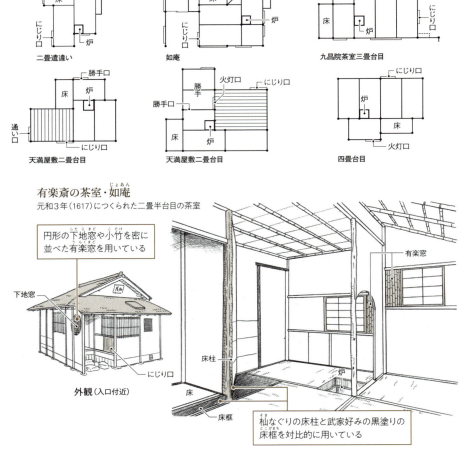

二畳違い　　如庵　　九昌院茶室三畳台目

天満屋敷二畳台目　　天満屋敷二畳台目　　四畳台目

有楽斎の茶室・如庵
元和3年（1617）につくられた二畳半台目の茶室

円形の下地窓や小竹を密に並べた有楽窓を用いている

下地窓　　にじり口

外観（入口付近）

有楽窓

床柱　　炉

床　　床框

杣なぐりの床柱と武家好みの黒塗りの床框を対比的に用いている

古田織部と織部好み

千利休の茶から武門の茶法を制定したともいわれる。小堀遠州に茶の湯を伝授し、江戸城では徳川秀忠に茶の湯を指南した。織部は武家社会に適合した茶室のため、織部灯籠(低い灯籠)や雪隠・腰掛などの装置を用いて、露地の展開に力を入れた[161頁参照]。代表例である燕庵では、床の明かり取り(墨蹟窓)を竹下地としている

墨蹟窓 / 床

燕庵

小堀遠州と遠州好み

豊臣秀吉や徳川家康に仕え、伏見奉行や遠江守に任じられている。古田織部に茶を学んだ遠州は、さらに独自の視点を加え、「きれいさび」と称される美意識を発展させ、土木、建築、造園に優れていたことで著名である。織部の手法を昇華させ、点前を芸能化し、点前畳を貴人畳・相伴席から見える配置にすることで舞台化したほか、屋根・天井で座の格式差を示した

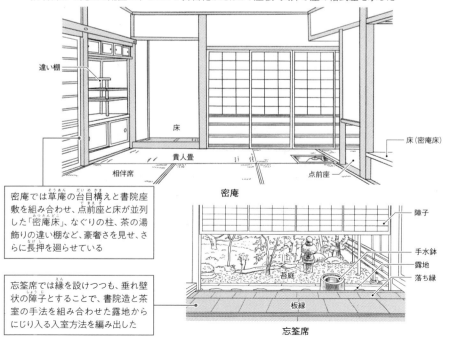

違い棚 / 床 / 床(密庵床) / 貴人畳 / 相伴席 / 点前座

密庵

障子 / 手水鉢 / 露地 / 落ち縁 / 苔庭 / 板縁

忘筌席

密庵では草庵の台目構えと書院座敷を組み合わせ、点前座と床が並列した「密庵床」、なぐりの柱、茶の湯飾りの違い棚など、豪奢さを見せ、さらに長押を廻らせている

忘筌席では縁を設けつつも、垂れ壁状の障子とすることで、書院造と茶室の手法を組み合わせた露地からにじり入る入室方法を編み出した

茶室の発展　165

書院造の豪奢化

　座敷構え［157頁参照］は、武家社会の成熟とともに主要な場所で用いられるようになり、安土・桃山期以降の御殿へと展開していきました。その過程で、座敷構えとして床の間・違い棚・付書院・帳台構えが一か所に集中するようになり、蟻壁・棹縁天井・筬欄間・金碧濃彩の障壁画・水墨画・畳敷き詰めなどの要素で空間を豪華に彩りました。

武家の威厳を示す書院造

　書院造は寝殿造と並ぶ住宅形式で、武家の封建的な格式表現である。金地極彩色の襖などによる荘厳な装飾がなされ、床の間・違い棚・付書院・帳台構えによる座敷構えとともに格式を備えた

勧学院客殿

慶長5年（1600）の建立。3列型・一直線の平面である。この3列型は聚楽第（じゅらくだい）大広間・仙台城本丸大広間などにみられる形式である。床の間・付書院は中央の10畳の部屋に配置されている

平面図

二の間から上座一の間をみる

光浄院客殿

慶長6年建立。2列の広間で、上座の間の脇にさらに上座の間を設け、鍵の手につながる。ここには居室はなく、対面の機能に特化している

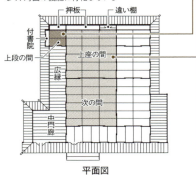

平面図

上段の間

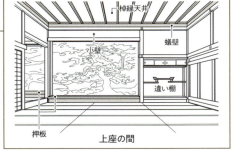

上座の間

書院造の完成期

江戸時代に入り政情が安定してくると、城郭の造営も天守から御殿へと移行し、諸国で本丸御殿が建てられた。特に三代将軍徳川家光の頃には諸侯が競って造営するようになり、玄関・遠侍・式台・大広間・御成書院・御対面所などの公的な場と、奥方・大台所などで構成されるようになった

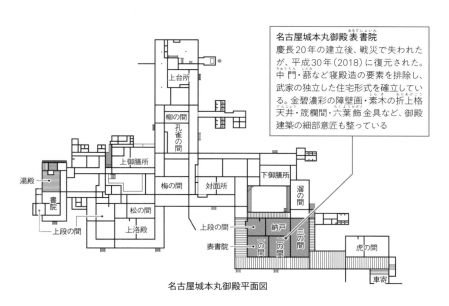

名古屋城本丸御殿 表書院
慶長20年の建立後、戦災で失われたが、平成30年（2018）に復元された。中門・蔀など寝殿造の要素を排除し、武家の独立した住宅形式を確立している。金碧濃彩の障壁画・素木の折上格天井・筬欄間・六葉飾金具など、御殿建築の細部意匠も整っている

名古屋城本丸御殿平面図

表書院上段の間

近世の住宅

御殿の建築と格式

江戸時代には、江戸城本丸御殿や二条城二の丸御殿にみられるように、御殿の広間が公的な場として使用されています。その広間では上段・中段・下段の順に床の高さや天井の形式を変えることで、身分制度に基づく階層を具現化していました。貴族邸宅の寝殿造や主殿・会所を中心とする室町幕府の邸宅とは異なる、武家社会に適合した空間がつくられていったのです。

身分を視覚化する江戸城本丸御殿

寛永14年(1637)の建て替え以降、平面形式をほぼ踏襲していた。表・中奥・大奥による構成で、その本丸御殿では、座敷構え・天井・床の高さにより空間の差を示し、そこに座す臣下の身分差を表現した

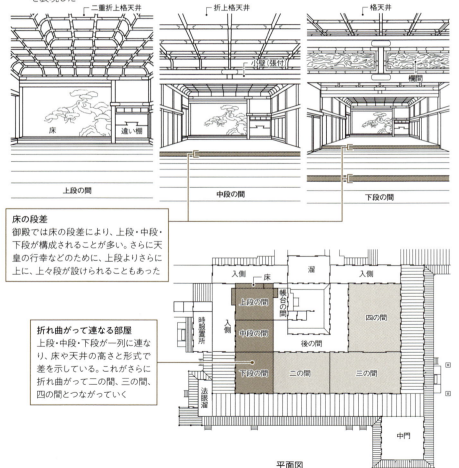

床の段差
御殿では床の段差により、上段・中段・下段が構成されることが多い。さらに天皇の行幸などのために、上段よりさらに上に、上々段が設けられることもあった

折れ曲がって連なる部屋
上段・中段・下段が一列に連なり、床や天井の高さと形式で差を示している。これがさらに折れ曲がって二の間、三の間、四の間とつながっていく

平面図

武家と貴族の文化が入り混じった二条城

二条城は徳川家康により慶長8年(1603)、上洛時の居館として造営された。その後、寛永3年(1626)の後水尾天皇の行幸に合わせて大改造された

二条城二の丸御殿
玄関・遠侍・式台を経て、公式謁見所の大広間、内向きの黒書院、居間である白書院が雁行形に並ぶ。それぞれの建物ごとに天井高さや内法高さ、柱・鴨居の大きさを区別し、格差を表現している

二条城二の丸御殿大広間[157頁参照]
上段の座敷飾りは床の間・違い棚・付書院・帳台構えの構成で整えられ、二重折上格天井としている。金碧障壁画で飾られ、白書院が素地彩色であるのと対照的である

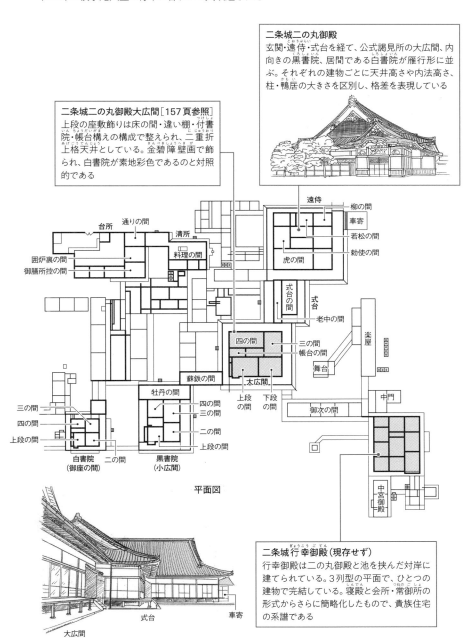

平面図

二条城行幸御殿(現存せず)
行幸御殿は二の丸御殿と池を挟んだ対岸に建てられている。3列型の平面で、ひとつの建物で完結している。寝殿と会所・常御所の形式からさらに簡略化したもので、貴族住宅の系譜である

近世の住宅

数寄屋の展開

書院造は御殿という公的空間として成熟していきましたが、それと同時に、茶室で展開したような手法が書院造にも持ち込まれました。西本願寺飛雲閣や桂離宮などのように、16世紀後半から17世紀初頭以降、遊興的な要素をもった数寄屋建築が展開していき、これらの建築は庭園とも深い関係性を築きました。

数寄屋建築の傑作・桂離宮

八条宮智仁・智忠父子の別邸で、古書院・中書院・新御殿が雁行形に並ぶ。さらに築山・池・苑路・橋などを配する凝ったつくりの庭園には、月波亭・松琴亭・笑意軒・賞花亭の各茶屋や持仏堂が設けられている

元和元年(1615)に建立された古書院は書院造の要素をみせている。寛永18年(1641)に中書院の造営をはじめ、正保・慶安年間頃(1644〜52)に完成。その後、後水尾天皇の行幸に合わせて、寛文3年(1663)に新御殿がつくられた

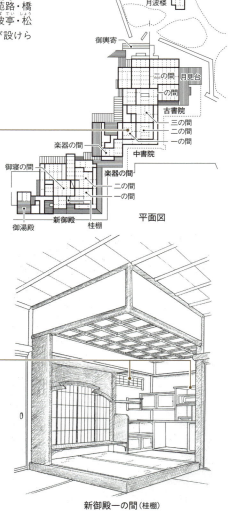

平面図

高い床に軽やかな屋根、「桂棚」と呼ばれる意匠を凝らした棚など、数寄の要素が詰まっている。また、節にまでこだわったスギの柱を用いている

ブルーノ・タウトが絶賛したことでも有名だにゃ

新御殿一の間(桂棚)

西本願寺飛雲閣
にしほんがんじ ひうんかく

16世紀末〜17世紀初頭に建立されたもので、平屋に2層をのせた3階建の建築となっている。唐破風や入母屋破風の付いた複合屋根で、池から建物内へ舟で入る「舟入」に代表されるように、遊興的要素が強い建築である

成巽閣
せいそんかく

加賀藩十三代藩主である前田斉泰が、母・真龍院の隠棲のために文久3年（1863）に建立した御殿で、兼六園の隣に建つ。「群青の間」や「網代の間」などテーマを決めた部屋や、船底のような天井の「鮎の廊下」、「つくしの廊下」の無柱で開放的な縁側など、各所に数寄の要素が詰まっている

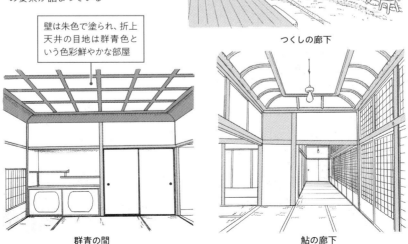

つくしの廊下

壁は朱色で塗られ、折上天井の目地は群青色という色彩鮮やかな部屋

群青の間　　　　　鮎の廊下

近世の住宅　171

数寄を凝らした遊興建築

江戸時代には遊興的な建築も多く建てられました。その一例が茶屋や旅籠です。神社仏閣への巡礼が盛んになるとともに、茶屋や旅籠も数寄を凝らしていきました。民家などでは家作制限によって長押や床の間などの使用が制限されたのとは対照的です。

金沢の茶屋・志摩

文政3年(1820)に建てられた茶屋で、2階を客間とする。押入などはなく、遊興を主体とした構成である。色漆喰や変化に富んだ床の間で構成される。襖の引手金具といった細部にも意匠を凝らしている

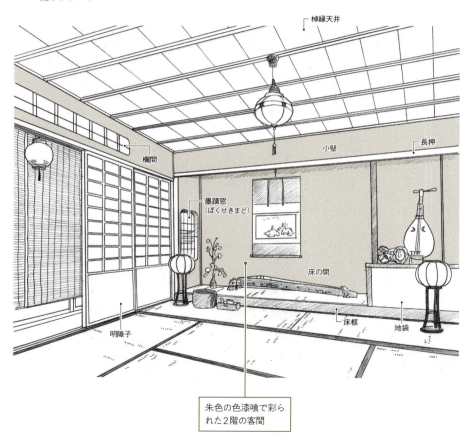

朱色の色漆喰で彩られた2階の客間

中山道沿いの旅籠・小野家住宅

前身の「いてうや(銀杏屋)」は十返舎一九が宿泊したものであったが、文政の大火で失われ、後に再建された。1階のみせで両替商を営み、いたのまで荷解きし、おえで記帳、そして2階の部屋へと移動する客の動線となっている。2階は中廊下で、梅の間・桜の間・鶴の間・鹿の間・竹の間など、テーマごとに彩色されている

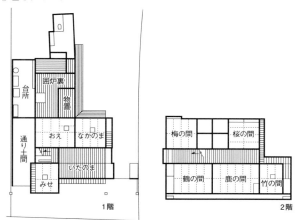

小野宅住宅平面図

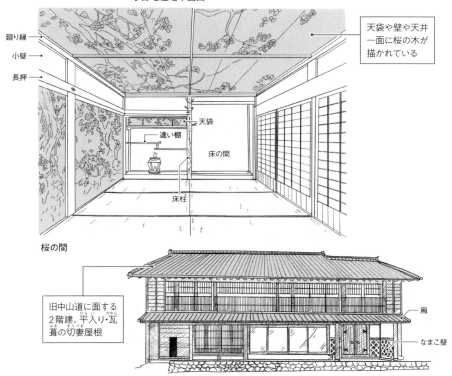

近世の住宅　173

中世以降の娯楽と建築

安土桃山時代から江戸時代にかけて、娯楽のための建築も成熟していきました。能・狂言を演じる専用舞台としての能舞台は、仮設のものから次第に常設化していき、やがて歌舞伎が盛んになると、建築自体にも装置が組み込まれるようになりました。

中世・近世の能舞台

室町時代の能舞台は常設ではなく、仮設の能舞台が建てられた。現存する古いものでは西本願寺北能舞台があり、天正9年(1581)の建造である。江戸時代には江戸城でも能舞台が設けられ、次第に常設化していった

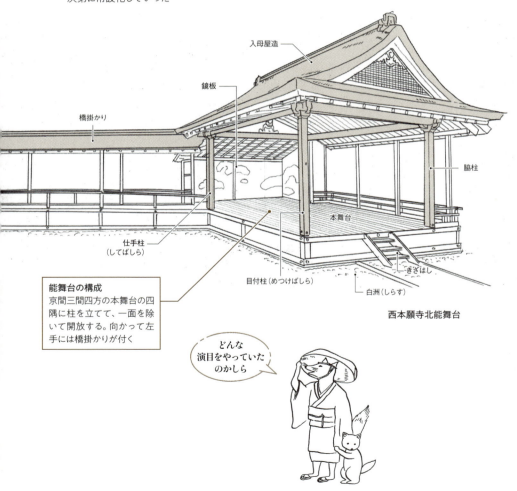

西本願寺北能舞台

能舞台の構成
京間三間四方の本舞台の四隅に柱を立てて、一面を除いて開放する。向かって左手には橋掛かりが付く

歌舞伎人気と芝居小屋の常設化

江戸時代には歌舞伎を催す芝居小屋が多く建てられたが、初期は見物席には屋根がなかった。一方で、建築規制を敷いたり、観客の桟敷の大規模化にともない塗屋（ぬりや）として防火性能を高めたりするなどの防火措置が芝居小屋で取られた。また、農村部でも農村舞台がつくられた

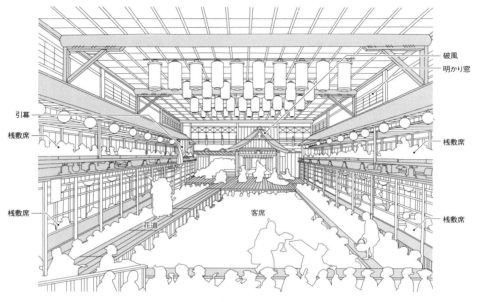

江戸時代の芝居小屋

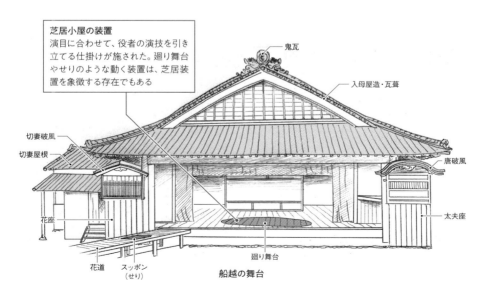

芝居小屋の装置
演目に合わせて、役者の演技を引き立てる仕掛けが施された。廻り舞台やせりのような動く装置は、芝居装置を象徴する存在でもある

船越の舞台

娯楽施設　175

中世〜近世の都市の町並み

中世と近世では都市の様相が異なります。近世以降になると、人びとが多く集住する城下町や宿場ができ、建物が林立していました。その場合、多くの建物を接道させて建てるために短冊形の敷地になりますが、中世では必ずしも都市の密度が高くなく、そもそも建物が林立していませんでした。

中世の京都の町並み

『洛中洛外図屛風』(東博本)に描かれた京都の町並みでは、接道するように町家が並ぶ。ただし、町家の背面側には中庭があり、井戸や木が描かれたゆとりある空間となっている

『洛中洛外図屛風』に描かれた京の町並み

中世の一乗谷の町並み

一乗谷は発掘調査によって戦国時代の町並みの構成が明らかになっている［51頁参照］。間口6〜9m程度の短冊形の敷地であるが、敷地境に溝・柵を設け、家屋が隣接していても軒を連ねてはいない。井戸・納戸は共同ではなく、各戸に設けられていた

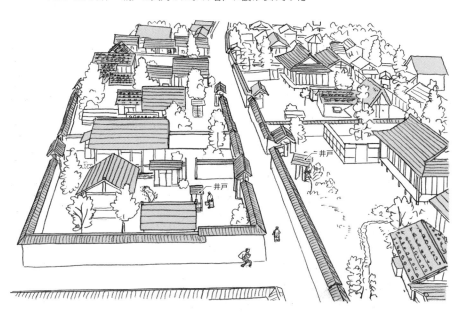

近世以降の町家

接道した敷地で、間口が狭く、奥行きの深い敷地である。幅7m×奥行き20m程度で、敷地の背割線（長手方向に並行な線）で敷地分割する

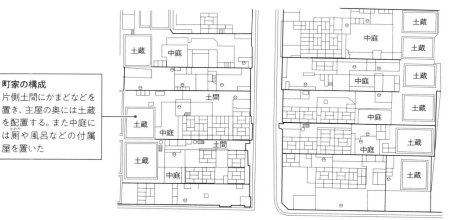

町家の構成
片側土間にかまどなどを置き、主屋の奥には土蔵を配置する。また中庭には厠や風呂などの付属屋を置いた

高山上三之町地区平面図

中世〜近世の町並み　177

近世の町家と町並み

町家は短冊形の敷地で、隣棟との間隔が狭くなる切妻屋根・平入りの建物とすることが多いものの、場所によってさまざまな形式がありました。特に屋根の形状や外観は町並みの重要な構成要素で、同じような軒高さの町家を連続させて、統一感のある町並みを形成することもありました。

連続する町並み

城下町の町人地である飛騨・高山の町並みをみると、軒高のそろうファサードで、たち（天井高さ）の低い2階と庇が付く。道路の交差点では、隅部分を入母屋造としており、変化をみせている

さまざまな屋根形状

屋根形状は町並みの大きな特徴で、平入りと妻入りの町並みがそれぞれ存在している。たとえば宿場でも、現在の三重県の関宿では平入り、雪の多い秋田県の増田では妻入り、佐賀県の有田では両者が混在している

増田（秋田）

関宿（三重）

有田（佐賀）

町家の平面構成

町家の平面には、接道し、隣家と密集して建ち並ぶという特徴があります。多くの場合、土間（とおりにわ）が正面から奥に向かって通り、それと並行して居室が並びます。居室は1列で3室並ぶことや、2列で6室並ぶこともあります。部屋の呼称は地域によっても異なりますが、正面側からみせ・ひろま（なかのま）・ざしきと呼ばれる部屋が並びました。

町家の平面構成

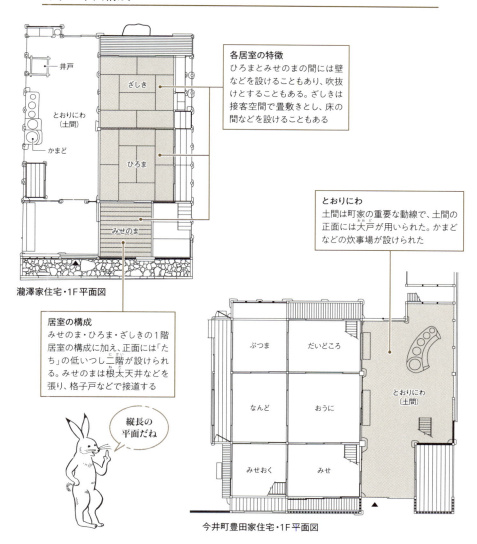

各居室の特徴
ひろまとみせのまの間には壁などを設けることもあり、吹抜けとすることもある。ざしきは接客空間で畳敷きとし、床の間などを設けることもある

とおりにわ
土間は町家の重要な動線で、土間の正面には大戸が用いられた。かまどなどの炊事場が設けられた

居室の構成
みせのま・ひろま・ざしきの1階居室の構成に加え、正面には「たち」の低いつし二階（こかい）が設けられる。みせのまは根太天井などを張り、格子戸などで接道する

瀧澤家住宅・1F平面図

今井町豊田家住宅・1F平面図

縦長の平面だね

町家の構成　179

町家の特徴

町家では、切妻屋根・平入りの2階建の町並みが多くみられます。通りに面した2階はたちの低いつし二階で、うだつを上げることもあれば、虫籠窓や出格子などの共通の構成要素を用いて、統一感のある町並みを構成することもあります。

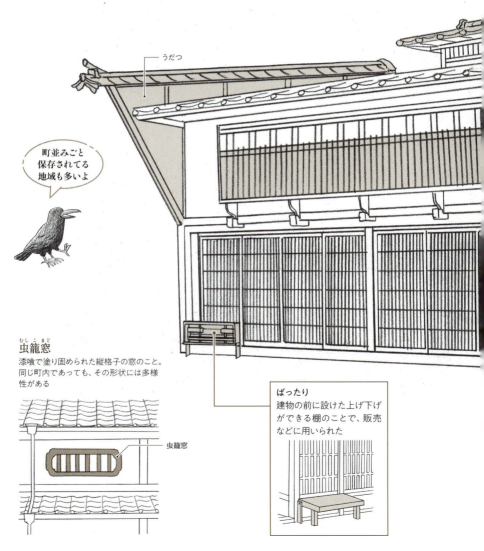

町並みごと保存されてる地域も多いよ

虫籠窓
漆喰で塗り固められた縦格子の窓のこと。同じ町内であっても、その形状には多様性がある

ばったり
建物の前に設けた上げ下げができる棚のことで、販売などに用いられた

町家の構成

集落の地形と建物の配置

通りに面して町家が広がる町場とは異なり、集落では建物が点在する例が多くみられます。川や谷、方位などに従って同じ方角を向いたり、比較的広い敷地の場合は敷地内に蔵や長屋門［37頁参照］などの付属屋を備えていたりすることもありました。谷筋などの平場の狭い地域では、地形に合わせて細長い建物が並ぶこともあります。

京都・美山の配置

山のふもとの一定範囲に茅葺の民家が建ち並び、川や山に向けて一定の方向性をもって建っている。川辺には茅場を保持し、葺材を確保していた

入母屋造・茅葺の民家が山に向かって平行に建ち並ぶ

白川郷の配置

南北方向の谷を流れる庄川に沿って吹く季節風に対応するため、大棟が川と平行になるように建っている

庄川

合掌造・茅葺の民家が並ぶ

中世以降の民家

庶民の住宅は寺社に比べ改造が多く、耐久性も劣るため、中世までさかのぼるとみられる例は限られます。箱木家住宅や古井家住宅はその数少ない例で、「千年家」と呼ばれています。そこには民家の構造的な発展や生活の変化を解明する鍵が詰まっています。

中世の古民家・箱木家住宅

室町時代後期に成立した住宅。入母屋造の茅葺で、軒は低いが、巨大な屋根をもつ。壁が多く、窓などの開口部が極端に少ない。梁などには手斧仕上げが残り、全体に部材は細い。広い土間であるが、太い梁や差鴨居の使用はなく、上屋柱の省略も少ない

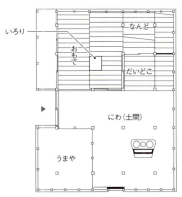
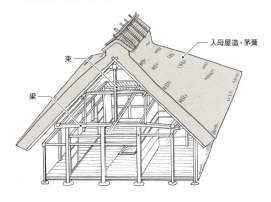

中世の古民家・古井家住宅

室町時代末期～近世初期に成立した住宅。上屋と下屋の構造が分離し、上屋柱の省略がなく、棟通りに柱を立てる古式な平面である。太い梁や差鴨居の使用はなく、内法より上は開放されている

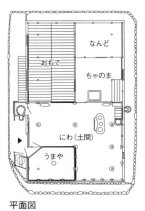
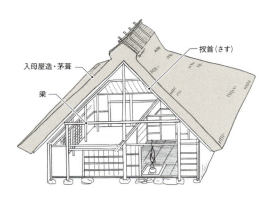

農家の構成

民家（農家）の構造

民家は土間と居間を基本的な構成としています。農家の場合、敷地の制約のある町家とは対照的な平面構成を発展させていきました。また、寺院などでみられた身舎・廂構造と同じように、民家でも主体部である上屋と周囲の下屋の構造が確認できます。この上屋の柱列や棟通りに柱が並びます。古い民家では柱が省略されることは少ないですが、時代が下るにしたがって、上屋の柱が省略され、上屋と下屋の空間が一体化していきました。

民家の立面の変遷

古代からの形式：棟持柱

掘立柱・棟持柱の形式は古くからあり、上屋・下屋形式とは異なる［23頁参照］

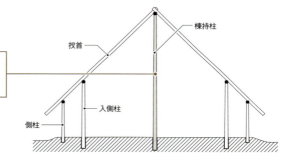

構造を分けて大型化：上屋と下屋

身舎・廂と同じように、上屋部分と下屋部分に分け、上屋に梁をかけることで大きな空間へと変化していった。また上屋の柱を撤去することで、上屋・下屋が一体的な空間となった

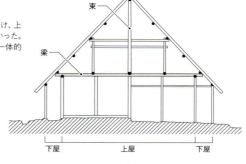

さらに大型化：扠首組

18世紀頃から豪農の登場によって、農家が拡大していった。その際には扠首組が用いられ、土間の縮小と座敷の要素が持ち込まれた。また平面構成も、広間型3間取りから4間取り・6間取りへと整理されていった

掘立柱から石場建てへ
掘立柱の柱であったものが礎石を用いるようになり、礎石の上に柱を立てる石場建てへと変化していくことで、建築の長寿命化がなされた

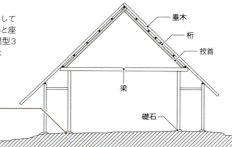

民家の間取りのパターン

1間取り

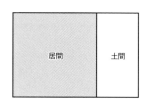

2間取り

土間と居間のみに分かれていたもの（1間取り）が、居間のなかに寝間が発生したり、居間が前後の室に分かれたりして、2室の構成（2間取り）となる

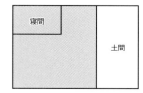
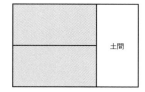

3間取り

3間取りのうち、「広間型3間取り」という形式が全国に分布している。広間の位置により2形式ある。町家の場合は1列3室型で、土間と平行に居室が並ぶ[179頁参照]

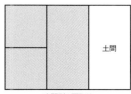
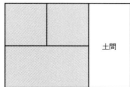

広間型3間取り　　　前座敷3間取り　　　1列3室型

4間取り

田の字型の平面とするものを「整形4間取り」という。4室が整形とならずに食い違うものもある

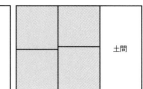

大きな間取り

3間取りや4間取りの平面にさらに部屋を足すことで、より大きな建物とすることもある

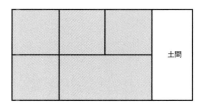
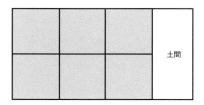

農家の構成　185

地域ごとの民家の多様性

民家の構成は気温や降雪などの気候条件によって大きく異なります。そのため地域によって、庶民住宅の形式にも違いや差が生まれ、地域ごとに独自の形態をつくり上げていきました。

主な民家形式の分布イメージ

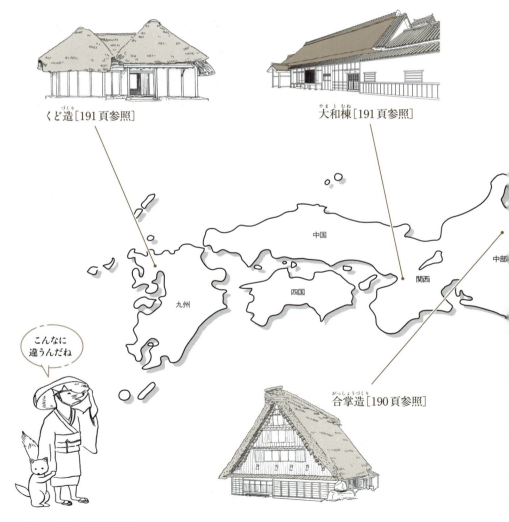

186　第3章／住宅の建築史

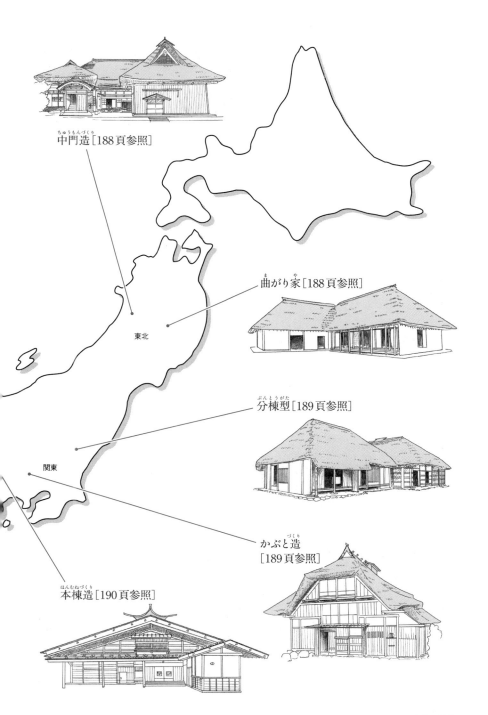

農家の構成

農家型民家の形式①東日本

農家型の民家形式は地方によっても大きく異なり、東日本でもさまざまな形式がみられます。曲がり家と中門造のように、類似する形式でありながらも細かな地域差がありました。茅葺のものも多く、急勾配の屋根が多くみられます。

曲がり家

厩を主屋から突出させてL字型平面の形式とする。関東以北と新潟～北陸地域でみられる。南部曲がり家が有名

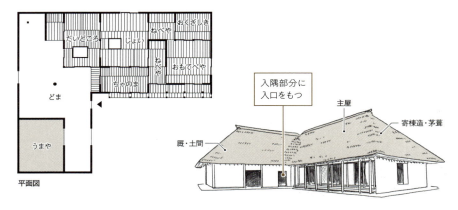

菊池家住宅(岩手)

中門造

曲がり家と同じく、厩を主屋から突出させるL字型平面の形式だが、入口は先端に取り付く。関東以北と新潟～北陸地域でみられる

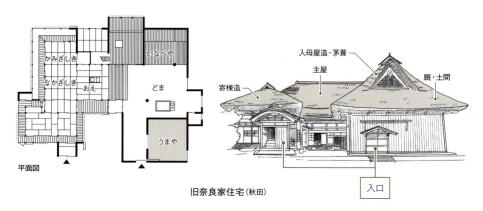

旧奈良家住宅(秋田)

188　第3章／住宅の建築史

かぶと造

武士が用いた兜に似た形式である。入母屋造や寄棟造の妻側の屋根を切り上げる例や、平側を切り上げた形式もある。秋田・山形・群馬・福島・東京・神奈川などでみられる

旧渋谷家住宅(山形)

分棟型

床上部分と土間部分の屋根を分け、その間に樋を設ける形式。2棟の棟の向きが異なる場合もある。茨城・栃木・宮城などでみられる

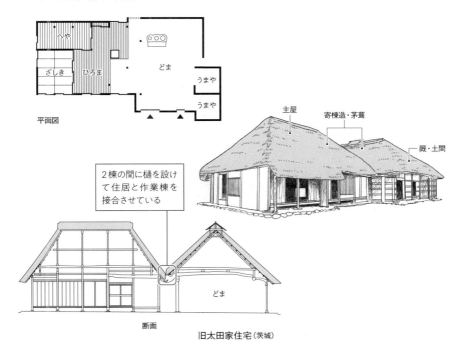

旧太田家住宅(茨城)

農家の構成 189

農家型民家の形式②西日本

中部以西の農家型民家の形式では、板葺の「本棟造」のほか、白川郷の「合掌造」のような茅葺の形式もありました。梁間の小さな建築で構成する「くど造」のような形式もみられます。

本棟造

長野県を中心に展開した形式で、正方形に近い平面で切妻造・妻入りの板葺屋根とし、正面の大棟に雀踊りをのせる。群馬・静岡・愛知・岐阜などでもみられる

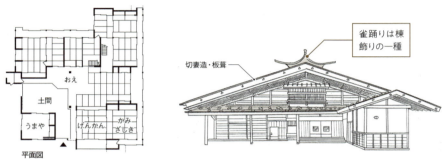

堀内家住宅（長野）

合掌造

白川郷の民家に代表されるように、屋根を大きな扠首組で構成し、大きな屋根裏空間を構築する。三角形に扠首を組み、屋根勾配が大きく、茅葺とすることが多い。岐阜などでみられる

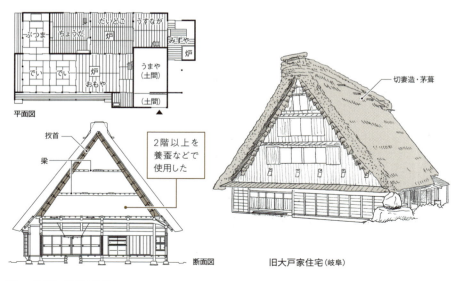

旧大戸家住宅（岐阜）

大和棟
やまとむね

上屋部分を急勾配の切妻造の茅葺、下屋を緩い瓦葺の屋根として組み合わせた形式とする。奈良・大阪・京都でみられる

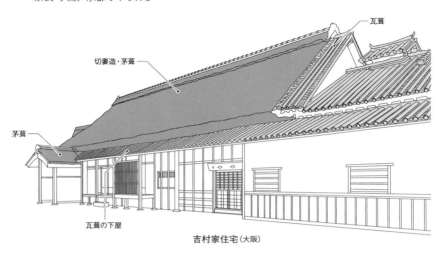

吉村家住宅（大阪）

くど造
づくり

寄棟造の棟をコの字型に廻らせた形式で、佐賀県を中心に展開する。L字型に屋根を曲げてかけることで、小さな梁間で大きな平面を可能としている

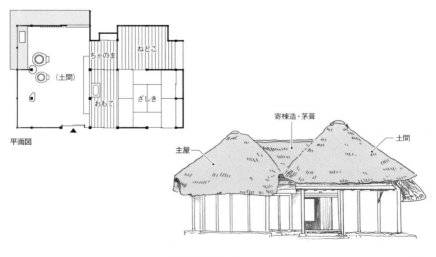

川打家住宅（佐賀）

農家の構成

住宅の近代化

一般的に、社会体制の変化は政治施設や宗教施設を一変させますが、生活様式の変化は緩やかに起こります。屋内で靴を脱ぐ日本の文化をみれば、わかりやすいかもしれません。明治維新による住宅への近代化の影響としては、和と洋の文化の接触により、生活様式や接客の方法に少しずつ変化が起きるとともに、ホテルのような新たな建築も生み出されました。また、江戸時代までは身分などに応じた家作規制などがあり、華美な建築が制限されていましたが、その規制がなくなったことで、商人らによって豪奢な和風建築が建てられるようになりました。また、日本の伝統建築の意匠を再解釈することで、新たな造形も生み出されていきました。

洋館の導入

もともとは欧米からの外国人貿易商のための住居として洋館が建てられ、やがて文明開化とともに、洋館は来客をもてなすための迎賓施設として建てられるようになった。洋館に住む日本人は、当初は隣接して建てられた和館で生活していたが、生活の洋風化にともなって、次第に洋館が生活の場へと変化していった

旧岩崎邸洋館

近代和風の傑作・旧三井家下鴨別邸

明治13年（1880）に建てられた豪商・三井家の邸宅。大正14年（1925）に京都・下鴨に移築された。望楼や開放的な空間構成に加え、和風の室内に椅子坐のための高い天井を設定するなど、近代和風の要素が詰まっている

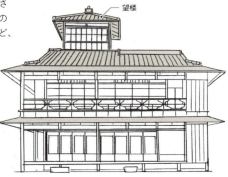

望楼

ホテル建築の登場・富士屋ホテル

明治以降、訪日外国人の増加にともなって、ホテルが整備されていった。当初は築地ホテル館［196頁参照］のように洋風を目指した擬洋風建築が主流であったが、次第に富士屋ホテルのような和洋折衷の建築も生み出された

名作小説の舞台にもなった道後温泉本館

明治27年に建てられた木造3階建。入母屋破風や唐破風など、複合的な屋根が重なり合う独特の外観で知られる

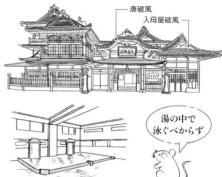

明治の迎賓館・臨江閣本館

明治17年に建てられた近代和風建築で、迎賓館として用いられた。2階建の開放的なつくりが特徴的である

独特な近代和風・旧奈良県物産陳列所

明治35年に関野貞の設計で建てられた。木造で伝統的な意匠を用いながら、円形窓やイスラム風の要素などにより、独特の建築を生み出している

明治の住宅　193

終章
明治以降の建築史

明治時代初期、文明開化の流れのなかで、西洋風の建築を整備することが目標とされました。殖産興業のための工場やホテルなどが建てられましたが、建築教育が整っていない状況下だったため、大工・棟梁による擬洋風(ぎようふう)建築がつくられました。その後、建築教育が整備され、外国人建築家や日本人建築家が登場しましたが、一方で日本の歴史的な建造物は神仏分離令の影響もあり、荒廃していました。これらの歴史的建造物の保護の実践や理念の確立とともに、日本建築史の研究は歩みを進めてきたのです。

洋風建築の導入

19世紀半ば以降、西洋文化との接触が進むと、建築にも洋風の要素が持ち込まれるようになりました。外国人によって建設されたものもありましたが、次第に外国人がつくった建築を真似した、日本人の手による「擬洋風」という建築もつくられ、日本建築の技法を用いつつも、伝統建築とは異なる建築の意匠を生み出しました。また、最新の工場や外国人技師のための住居なども西洋風に建てられ、当初は外国人技師らが設計を行い、日本の大工が施工を担いました。ここからも近代化の萌芽がうかがえます。

外国人居留地の建築

安政元年（1854）の開国にともない、長崎・横浜・神戸などに外国人の居留地がつくられた。外国人のための住宅（異人館）、学校、事務所、教会などを来日した技師・技術者が建設した。そのほかにも、外国人技師の指示を受けて日本の職人が手がけることもあった

文明開化の音がする！

見よう見まねから生まれた擬洋風建築

擬洋風建築とは、西洋建築の教育が整う以前につくられた建築である。日本の伝統技術を備えた大工・棟梁によって、洋風建築を目指して建てられた

清水喜助（二代目）

文化12年（1815）～明治14年（1881）。アメリカ人建築技師リチャード・ブリジェンスの築地ホテル館などの仕事を通して西洋建築を学び、数多くの擬洋風建築を生んだ。代表作に第一国立銀行（海運橋三井組）、駿河町三井組などがある

なまこ壁
土蔵などに用いられる日本の伝統の壁塗りの構法で、築地ホテル館をはじめとする擬洋風建築でも用いられた

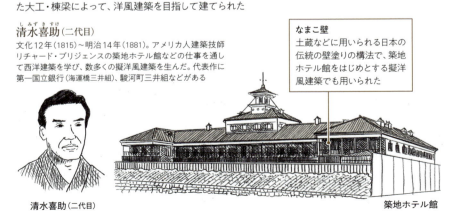

清水喜助（二代目）　　　　　　　　　　　築地ホテル館

殖産興業と工場建築

日本の近代化を推し進めるうえで、西洋技術の導入は重要課題だった。そのため、西洋技術を扱う工場や外国人技師のための住居などには、西洋風の建築が建てられた

旧集成館機械工場
薩摩藩主島津斉彬によって進められた近代工業化施設のひとつ。洋風石造建築で、反射炉とともに竹下清右衛門(たけしたせいえもん)が手がけた。慶応元年(1865)竣工

- 寄棟造
- 車寄せ
- 桁行78.2m、梁間13.6mの平屋建

旧鹿児島紡績所技師館
薩摩藩が紡績所に招聘したイギリス人技師のための住居として建築された。イギリス人技師の指揮により建設されたとみられている。慶応3年竣工

- 宝形造・瓦葺
- 木造2階建で、屋根は瓦葺、壁は白ペンキ塗りである
- ポーチ
- コロニアル様式のテラス

富岡製糸場
フランスの技術を導入して、明治5年に官営工場として設立された。設計はエドモン・バスチャン。木による軸組みとフランス積みのレンガを組み合わせた木骨レンガ造となっている

- 切妻造・桟瓦葺
- アーチ
- 木骨レンガ造、桁行104mの2階建
- 東置繭所

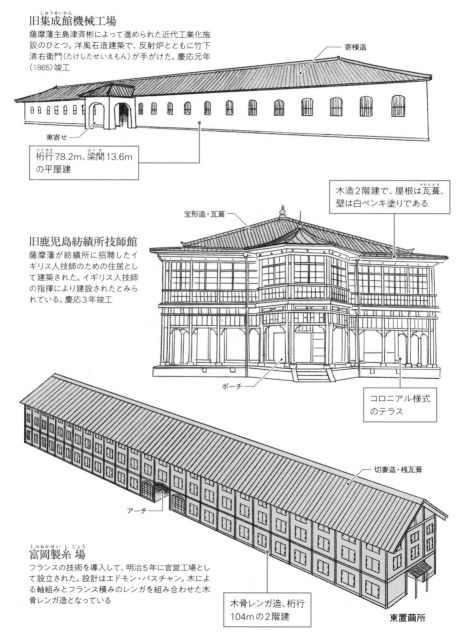

洋風建築の導入

御雇外国人から日本人建築家へ

日本の都市や建築物の西洋化を進めるため、明治初期は御雇外国人が多くの建設に携わりました。西洋技術の導入のため、建築分野ではジョサイア・コンドルが教師として招かれ、次第に西洋建築の教育が進んでくると、辰野金吾・片山東熊をはじめとする日本人建築家が輩出されるようになりました。

日本建築界の育成者 ジョサイア・コンドル

1852～大正9年(1920)。明治10年(1877)に工部大学校造家学科(後の帝国大学工科大学、現在の東京大学工学部建築学科)の教師としてイギリスから来日し、西洋建築学を教えた。建築家としても活躍し、鹿鳴館や三菱一号館などの建築も手がけた

ジョサイア・コンドル

三菱一号館

近代建築の父・辰野金吾

嘉永7年(1854)～大正8年。東京駅や日本銀行本店などの主要な建築を手がけ、日本の近代建築界を牽引した。工部大学校で後進の育成にも努め、造家学会(現在の日本建築学会)の設立にも尽力した。片山東熊・曾禰達蔵・佐立七次郎とともにジョサイア・コンドルの教えを受けた第一期生である

辰野金吾

東京駅丸ノ内本屋

様式建築の名手・片山東熊(かたやまとうくま)

嘉永6年〜大正6年。宮内省で建築に従事し、赤坂離宮など宮廷建築や京都国立博物館や奈良国立博物館などを手がけた。後に工手学校(現在の工学院大学)で教鞭をとった

片山東熊

赤坂離宮

曾禰達蔵(そねたつぞう)

嘉永5年〜昭和12年(1937)。三菱関係の丸の内の事務所建築に関わった。中條精一郎(ちゅうじょうせいいちろう)とともに設計事務所を開設し、慶応義塾図書館、鹿児島県庁舎本館などを設計した

曾禰達蔵

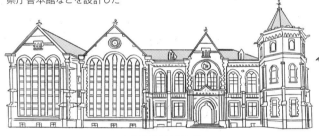

慶応義塾図書館旧館

佐立七次郎(さたちしちじろう)

安政3年(1856)〜大正11年。逓信省などに従事し、郵便局の建築を多く手がけた。工手学校(現在の工学院大学)の教員も務めた。旧日本郵船小樽支店が現存する

佐立七次郎

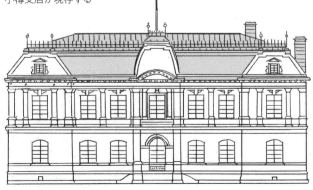

旧日本郵船小樽支店

建築教育と建築家　199

文化財保護のはじまり

廃仏毀釈が進むなかで、明治政府は明治4年(1871)に太政官布告を出し、これにより近代日本の文化財保護の幕が開きました。翌年には文化財調査にあたる「壬申検査」が行われました。明治21年には宮内省に臨時全国宝物取調局が設置され、明治30年には「古社寺保存法」が制定され、寺社の建造物や宝物を「特別保護建造物」や「宝物」とすることで保存が進められました。

①古器旧物保存方

明治4年に太政官布告として出された。これをもとに、近畿地方を中心に寺社に「古器旧物」の目録を提出させた

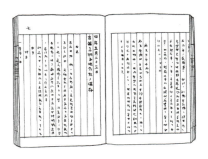

②壬申検査

明治5年に寺社の宝物を対象に行われた調査で、文部官僚の町田久成とともに、横山松三郎によって写真撮影がなされた

③臨時全国宝物取調局の設置

明治21年に臨時全国宝物取調局が設置され、九鬼隆一、岡倉天心、アーネスト・フェノロサによって全国の宝物調査がなされた。当初、建造物は対象外であり、これについて伊東忠太は意見書を送付したとされる

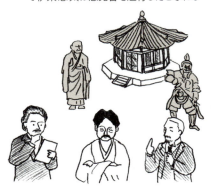

④古社寺保存法

古社寺の宝物や建造物を保護することを目的に、明治30年に制定された。ただし、その対象は社寺に限られ、城郭や書院などは対象外であった

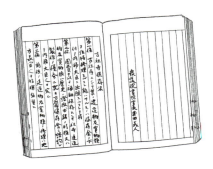

古社寺の保存と修理

明治30年の「古社寺保存法」の制定にともない、各地で古建築の修理に対応する必要に迫られました。奈良県では技師に関野貞が就任し、県内の古建築の調査と建築年代の判定を行いました。また新薬師寺本堂や薬師寺東塔などの修理を手がけ、修理手法を模索したほか、平城宮跡を発見し、その保護に尽力しました。

奈良の古建築の保存にあたった関野貞

慶応3年(1867)〜昭和10年(1935)。明治28年に帝国大学工科大学造家学科を卒業した後、伊東忠太の勧めにより奈良県技師となり、奈良の古建築の調査や建築年代の判定、修理を手がけた。帰京後は東京帝国大学で教鞭をとった

関野貞

新薬師寺本堂の修理

関野貞が担当した新薬師寺本堂の修理では、正面に付加された中世の礼堂を撤去し、奈良時代の創建当初の姿を目指した修理が行われた。その修理手法は議論を呼び起こした

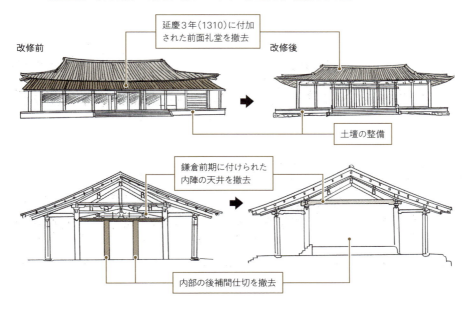

文化財の保護

文化財保護法の成立

昭和4年(1929)、「国宝保存法」が制定されました。それまでの「古社寺保存法」では保護の対象が基本的に寺社に限られていましたが、国宝保存法ではその対象範囲が広がり、また国有・公有・私有でも国宝に指定することが可能になりました。その後、昭和24年1月26日の火災により法隆寺金堂壁画が焼損したことを受け、文化財保護の総合的な法律として「文化財保護法」が翌昭和25年に制定されました。現在まで文化財保護の根幹をなす法律として、法改正を重ねながら、対象なども徐々に拡大されています。

首里城正殿と古社寺保存法

国宝保存法の前身となる古社寺保存法では、寺社ではない首里城正殿は保存の対象外であった。そのため首里城では、正殿背後に沖縄神社を創設し、その社殿と位置づけることで対象としていた。昭和4年に古社寺保存法に代わって国宝保存法が制定されると、寺社以外の所有品も国宝指定が可能となり、文化財建造物の修理の方法もこの時期に多くが確立されていった

首里城正殿

文化財を
次世代へ！

文化財保護法が成立するまで

文化財保護法以前に存在した大正8年(1919)制定の「史蹟名勝天然紀念物保存法」、昭和4年制定の「国宝保存法」、昭和8年制定の「重要美術品等ノ保存ニ関スル法律」を廃止し、総合的な文化財保護の法律として昭和25年に「文化財保護法」がまとめられた。その後、昭和50年の法改正により、伝統的建造物群保存地区という町並みにも対象が広がった。平成8年(1996)にはトップダウンの指定ではなく、ボトムアップの登録文化財制度も設けられた

索引

建物索引(現存建物のみ所在地を[ ]内に記した)

あ行

赤坂離宮(あかさかりきゅう)[東京都]……199

赤堀茶臼山古墳(あかぼりちゃうすやまこふん)[群馬県]
……19

足利義教邸(あしかがよしのりてい)……153

飛鳥宮(あすかきゅう)……130、139

天安河原(あまのやすがわら)[宮崎県]……64

石山寺多宝塔(いしやまでらたほうとう)[滋賀県]
……88

出雲大社(いずもたいしゃ)[島根県]……66、68、
69、99

伊勢神宮(いせじんぐう)[三重県]……23、65、66、
67、69、117

石上神宮摂社出雲建雄神社割拝殿(いそのかみじん
ぐうせっしゃいずもたけおじんじゃわりはいでん)[奈良
県]……117

一乗谷城(いちじょうだにじょう)……51

今井町豊田家住宅(いまいちょうとよだけじゅうたく)[奈
良県]……179

石清水八幡宮(いわしみずはちまんぐう)[京都府]
……98、99

宇佐神宮(うさじんぐう)[大分県]……72

宇治上神社拝殿(うじがみじんじゃはいでん)[京都府]
……117

宇治上神社本殿(うじがみじんじゃほんでん)[京都府]
……70

宇太水分神社本殿(うだみくまりじんじゃほんでん)[奈
良県]……71

江戸城(えどじょう)……58、59、165

江戸城本丸御殿(えどじょうほんまるごてん)
……168

円覚寺舎利殿(えんがくじしゃりでん)[神奈川県]
……106

円成寺(えんじょうじ)[奈良県]……71

燕庵(えんなん)[京都府]……161、165

延暦寺(えんりゃくじ)[滋賀県]……73、86、87、88、
96、100、118

延暦寺根本中堂(えんりゃくじこんぽんちゅうどう)[滋賀
県]……89

延暦寺常行堂・法華堂(えんりゃくじじょうぎょうどう・ほ
っけどう)[滋賀県]……88

延暦寺法華総持院東塔(えんりゃくじほっけそうじいん
とうとう)[滋賀県]……88

延暦寺文殊楼(えんりゃくじもんじゅろう)[滋賀県]
……86

大崎八幡宮(おおさきはちまんぐう)[宮城県]
……125

大瀧神社本殿・拝殿(おおたきじんじゃほんでん・はいで
ん)[福井県]……121

大谷派本願寺函館別院本堂(おおたにはほんがんじは
こだてべついんほんどう)[北海道]……126

大野城(おおのじょう)……47

大神神社(おおみわじんじゃ)[奈良県]……64

沖縄神社(おきなわじんじゃ)……202

小野家住宅(おのけじゅうたく)[長野県]……173

小墾田宮(おはりだのみや)……130、133

園城寺(おんじょうじ)[滋賀県]……100

園城寺新羅善神堂(おんじょうじしんらぜんしんどう)[滋
賀県]……114

か行

鶴林寺常行堂(かくりんじじょうぎょうどう)[兵庫県]
……93

鶴林寺太子堂(かくりんじたいしどう)[兵庫県]
……93

鶴林寺本堂(かくりんじほんどう)[兵庫県]……109

春日大社(かすがたいしゃ)[奈良県]……71、96

桂離宮(かつらりきゅう)[京都府]……170

賀茂御祖神社(下鴨神社)(かもみおやじんじゃ)[京都府]
……70

賀茂別雷神社(上賀茂神社)(かもわけいかづちじんじゃ)
[京都府]……70

川打家住宅(かわうちけじゅうたく)[佐賀県]……191

寛永寺(かんえいじ)[東京都]……120

勧学院客殿(かんがくいんきゃくでん)[滋賀県]
……166

歓喜院聖天堂(かんぎいんしょうでんどう)[埼玉県]
……121

元興寺(がんごうじ)[奈良県]……45、105

元興寺禅堂・本堂(がんごうじぜんどう・ほんどう)[奈良県]
……105

願成寺阿弥陀堂(白水阿弥陀堂)(がんじょうじあみだどう)
[福島県]……92、93

神谷神社本殿(かんだにじんじゃほんでん)[香川県]
……113

菊池家住宅(きくちけじゅうたく)[岩手県]……188

吉備津神社本殿(きびつじんじゃほんでん)[岡山県]
……105、115

索引　203

旧岩崎邸(きゅういわさきてい)[東京都]………192

旧太田家住宅(きゅうおおたけじゅうたく)[茨城県→神奈川県]………189

旧大戸家住宅(きゅうおおどけじゅうたく)[岐阜県]………190

旧鹿児島紡績所技師館(きゅうかごしまぼうせきじょぎしかん)[鹿児島県]………197

旧済生館本館(きゅうさいせいかんほんかん)[山形県]………60

旧渋谷家住宅(きゅうしぶやけじゅうたく)[山形県]………189

旧集成館機械工場(きゅうしゅうせいかんきかいこうじょう)[鹿児島県]………197

旧正宗寺三匝堂(円通寺三匝堂)(きゅうしょうそうじさんそうどう)[福島県]………120

宮中真言院道場(きゅうちゅうしんごんいんどうじょう)………89

旧奈良家住宅(きゅうならけじゅうたく)[秋田県]………188

旧奈良県物産陳列所(きゅうならけんぶっさんちんれつじょ)[奈良県]………193

旧日本郵船小樽支店(きゅうにほんゆうせんおたるしてん)[北海道]………199

旧三井家下鴨別邸(きゅうみついけしもがもべってい)[京都府]………192

京都御所紫宸殿(きょうとごしししんでん)[京都府]………134

清水寺(きよみずでら)[京都府]………120

清水堂(きよみずどう)………120

霧島神宮(きりしまじんぐう)[鹿児島県]………121

恭仁京(くにきょう)………42

熊野神社長床(くまのじんじゃながとこ)[福島県]………177

慶応義塾図書館旧館(けいおうぎじゅくとしょかんきゅうかん)[東京都]………199

建長寺(けんちょうじ)[神奈川県]………77、106

光浄院客殿(こうじょういんきゃくでん)[滋賀県]………166

高蔵寺阿弥陀堂(こうぞうじあみだどう)[宮城県]………93

興福寺(こうふくじ)[奈良県]………45、77、78、100、110、111、159

興福寺東金堂(こうふくじとうこんどう)[奈良県]………101、111

興福寺北円堂(こうふくじほくえんどう)[奈良県]………110

鴻臚館(こうろかん)………47

金剛峯寺(こんごうぶじ)[和歌山県]………86、96

さ行

佐賀城(さがじょう)………61

佐味田宝塚古墳(さみたたからづかこふん)[奈良県]………18

三千院本堂(さんぜんいんほんどう)………93

紫香楽宮(しがらきのみや)………42、136

慈照寺観音殿(銀閣)(じしょうじかんのんでん)[京都府]………158

慈照寺東求堂(じしょうじとうぐどう)[京都府]………155

四天王寺(してんのうじ)[大阪府]………76

志摩(茶屋)(しま)[石川県]………172

首里城正殿(しゅりじょうせいでん)[沖縄県]………202

如庵(じょあん)[愛知県]………164

正倉院正倉(しょうそういんしょうそう)[奈良県]………81

浄土寺浄土堂(じょうどじじょうどう)[兵庫県]………100、101、102

浄瑠璃寺(じょうるりじ)[京都府]………94

浄瑠璃寺九体阿弥陀堂(じょうるりじくたいあみだどう)[京都府]………94

照蓮寺本堂(しょうれんじほんどう)[岐阜県]………119

神護寺(じんごじ)[京都府]………86

新薬師寺(しんやくしじ)[奈良県]………45

新薬師寺本堂(しんやくしじほんどう)[奈良県]………201

瑞鳳殿(ずいほうでん)[宮城県]………124

住吉神社本殿(すみよしじんじゃほんでん)[山口県]………116

住吉大社(すみよしたいしゃ)[大阪府]………66、69

諏訪大社(すわたいしゃ)[長野県]………64

成巽閣(せいそんかく)[石川県]………171

斎場御嶽(せーふぁうたき)[沖縄県]………64

善光寺(ぜんこうじ)[長野県]………120

専修寺如来堂・御影堂(せんじゅじにょらいどう・みえいどう)[三重県]………119

仙台城(せんだいじょう)………54、125、166

崇福寺(そうふくじ)[長崎県]………122

崇福寺第一峰門(そうふくじだいいっぽうもん)[長崎県]………123

た行

大官大寺(たいかんだいじ)………44

大報恩寺本堂(だいほうおんじほんどう)[京都府]………112

當麻寺(たいまでら)[奈良県]………91

當麻寺東塔(たいまでらとうとう)[奈良県]··········79

當麻寺曼荼羅堂(たいまでらまんだらどう)[奈良県]
··········91

瀧澤家住宅(たきざわけじゅうたく)[栃木県]··········179

大宰府(だざいふ)··········47

手向山八幡宮(たむけやまはちまんぐう)[奈良県]
··········96

知恩院勢至堂(ちおんいんせいしどう)[京都府]
··········119

筑前国分寺(ちくぜんこくぶんじ)··········47

筑前国分尼寺(ちくぜんこくぶんにじ)··········47

中尊寺(ちゅうそんじ)[岩手県]··········95

中尊寺金色堂(ちゅうそんじこんじきどう)[岩手県]
··········93

長寿寺本堂(ちょうじゅじほんどう)[滋賀県]··········112

朝暘学校(ちょうようがっこう)··········61

築地ホテル館(つきじほてるかん)··········193、196

筑紫観世音寺(つくしかんぜおんじ)··········47

鶴ヶ岡城(つるがおかじょう)··········61

鶴岡八幡宮(つるがおかはちまんぐう)[神奈川県]
··········47

東京駅丸ノ内本屋(とうきょうえきまるのうちほんや)[東京都]··········198

道後温泉本館(どうごおんせんほんかん)[愛媛県]
··········193

東寺(とうじ)[京都府]··········42、46、49、87、96

東寺灌頂院(とうじかんじょういん)[京都府]··········89

唐招提寺(とうしょうだいじ)[奈良県]··········104

唐招提寺講堂(とうしょうだいじこうどう)[奈良県]
··········78、83

唐招提寺鼓楼(とうしょうだいじころう)[奈良県]
··········104

唐招提寺金堂(とうしょうだいじこんどう)[奈良県]
··········78、83

同仁斎(どうじんさい)[京都府]··········155

東大寺(とうだいじ)[奈良県]··········45、77、96、100、102、104、110、118

東大寺大鐘楼(とうだいじだいしょうろう)[奈良県]
··········106、108

東大寺大仏殿(とうだいじだいぶつでん)[奈良県]
··········100、104、118、126

東大寺南大門(とうだいじなんだいもん)[奈良県]
··········102、103

東大寺法華堂(とうだいじほっけどう)[奈良県]
··········90

東大寺法華堂経庫(とうだいじほっけどうきょうこ)[奈良県]··········81

鳥取城(とっとりじょう)··········54

富岡製糸場(とみおかせいしじょう)[群馬県]··········197

な行

長岡宮・長岡京(ながおかきゅう・ながおかきょう)
··········41、42、46、130

長屋王邸(ながやおうてい)··········45、138

名古屋城本丸御殿表書院(なごやじょうほんまるごてんおもてしょいん)[愛知県]··········167

難波京・難波宮(なにわきょう・なにわのみや)··········42、130

仁科神明宮(にしなしんめいぐう)[長野県]··········113

西本願寺北能舞台(にしほんがんじきたのうぶたい)[京都府]··········174

西本願寺飛雲閣(にしほんがんじひうんかく)[京都府]
··········170、171

二条城二の丸御殿(にじょうじょうにのまるごてん)[京都府]··········157、168、169

日光東照宮(にっこうとうしょうぐう)[栃木県]
··········124

は行

箱木家住宅(はこぎけじゅうたく)[兵庫県]··········183

鑁阿寺本堂(ばんなじほんどう)[栃木県]··········108

東三条殿(ひがしさんじょうどの)··········140、141、142、144、145

東本願寺菊門(ひがしほんがんじきくもん)[京都府]
··········126

東本願寺御影堂(ひがしほんがんじごえいどう)[京都府]
··········126

東山殿(ひがしやまどの)··········154、158

彦根城(ひこねじょう)[滋賀県]··········56

備中松山城(びっちゅうまつやまじょう)[岡山県]
··········56、57

平等院鳳凰堂(びょうどういんほうおうどう)[京都府]
··········95

日吉大社(ひよしたいしゃ)[滋賀県]··········73、87、96

日吉大社末社東照宮(ひよしたいしゃまっしゃとうしょうぐう)[滋賀県]··········124

弘前城(ひろさきじょう)[青森県]··········57

廣八幡宮本殿(ひろはちまんぐうほんでん)[和歌山県]
··········114

富貴寺大堂(ふきじおおどう)[大分県]··········93

福井城(ふくいじょう)··········61

伏見稲荷大社(ふしみいなりたいしゃ)[京都府]
··········96

富士屋ホテル(ふじやほてる)[神奈川県]··········193

索引　205

藤原宮・藤原京（ふじわらきゅう・ふじわらきょう）
……41、42、43、44、130、132
藤原定家邸（ふじわらのさだいえてい）……143
藤原豊成殿（ふじわらのとよなりでん）……136
藤原仲麻呂邸（ふじわらのなかまろてい）……45
藤原良相邸（ふじわらのよしみてい）……143
仏国寺（ぶっこくじ）［韓国］……92
不動院金堂（ふどういんこんどう）［広島県］……101
船越の舞台（ふなこしのぶたい）［三重県→神奈川県］
……175
古井家住宅（ふるいけじゅうたく）［兵庫県］……183
平安宮・平安京（へいあんきゅう・へいあんきょう）
……41、42、44、46、48、87、89、95、127、
130、131、132、133、134、135、139、140、
143
平安宮神泉苑（へいあんきゅうしんせんえん）……46、
139
平安神宮（へいあんじんぐう）［京都府］……126、
127
平城宮・平城京（へいじょうきゅう・へいじょうきょう）
……36、41、42、43、44、45、46、48、100、
130、131、132、133、136、138、139、201
平城宮東院庭園（へいじょうきゅうとういんていえん）
……139
平城宮東朝集堂（へいじょうきゅうひがしちょうしゅうどう）
……78、83、133
法起寺（ほうきじ）［奈良県］……76、82
方広寺大仏殿（ほうこうじだいぶつでん）……104、
105
豊国廟（ほうこくびょう・とよくにびょう）……125
法成寺（ほうじょうじ）……94、95
忘筌席（ぼうせんせき）［京都府］……165
法隆寺（ほうりゅうじ）［奈良県］……18、76、82、84、
137
法隆寺廻廊（ほうりゅうじかいろう）［奈良県］……85
法隆寺金堂（ほうりゅうじこんどう）［奈良県］……15、
18、63、78、202
法隆寺食堂・細殿（ほうりゅうじじきどう・ほそどの）［奈良
県］……83、90
法隆寺妻室（ほうりゅうじつまむろ）［奈良県］……80
法隆寺伝法堂（ほうりゅうじでんぽうどう）［奈良県］
……137
法隆寺東院（ほうりゅうじとういん）［奈良県］……26
法隆寺東院礼堂（ほうりゅうじとういんらいどう）［奈良県］
……104
法隆寺東室（ほうりゅうじひがしむろ）［奈良県］
……80
細川管領邸（ほそかわかんれいてい）……153

法勝寺（ほっしょうじ）……95
堀内家住宅（ほりうちけじゅうたく）［長野県］……190
本興寺肖影堂（ほんこうじしょうえいどう）［愛知県］
……124

ま行

松江城（まつえじょう）［島根県］……56
丸岡城（まるおかじょう）［福井県］……57
萬福寺（まんぷくじ）［京都府］……122
密庵（みったん）［京都府］……165
三菱一号館（みつびしいちごうかん）［東京都］
……198
妙喜庵待庵（みょうきあんたいあん）［京都府］
……162、163
無量光院（むりょうこういん）……95
室生寺金堂（むろうじこんどう）［奈良県］……90
室町将軍邸（むろまちしょうぐんてい）……152
明治神宮宝物殿（めいじんぐうほうもつでん）［東京都］
……127
毛越寺（もうつうじ）［岩手県］……95
本薬師寺（もとやくしじ）……44

や行

薬師寺（やくしじ）［奈良県］……45、76
薬師寺東塔（やくしじとうとう）［奈良県］……79、83、
110、201
八坂神社（やさかじんじゃ）［京都府］……97
山形城（やまがたじょう）……60
山田寺（やまだでら）……84、85
又隠（ゆういん）［京都府］……162
吉野水分神社本殿（よしのみくまりじんじゃほんでん）［奈
良県］……116
吉村家住宅（よしむらけじゅうたく）［大阪府］……191

ら行

羅城門（らじょうもん）……45、46
龍吟庵（りょうぎんあん）［京都府］……159
臨江閣本館（りんこうかくほんかん）［群馬県］……193
鹿苑寺舎利殿（金閣）（ろくおんじしゃりでん）［京都府］
……158

用語索引

あ行

障泥板（あおりいた）……67
明障子（あかりしょうじ）……155、157

上土塀（あげつちべい）·········149、152、153

足固貫（あしがためぬき）··········104

網代・網代塀（あじろ・あじろべい）··········18、146、147、148、171

校木（あぜき）··········25、81

校倉造（あぜくらづくり）··········81、127

阿弥陀堂（あみだどう）··········92、93、94、95、119、126

蟻壁（ありかべ）··········166

家形埴輪（いえがたはにわ）··········19

石場建て（いしばだて）··········184

一乗谷（いちじょうだに）··········51、177

一間社流造（いっけんしゃながれづくり）··········70、121

入側柱（身舎柱）（いりかわばしら）··········22、32、33、69、83、137、184

入母屋造（いりもやづくり）··········18、19、30、31、32、33、57、73、78、89、103、104、106、108、109、115、117、119、121、126、127、132、134、135、152、153、174、175、182、183、188

入母屋破風（いりもやはふ）··········31、171、193

うだつ··········180、181

有楽窓（うらくまど）··········164

海老虹梁（えびこうりょう）··········101、106、107、108、109

エビノコ郭（えびのこかく）··········130

苑池（えんち）··········45、95、138、139、141、142

扇垂木（おうぎだるき）··········106、107

黄檗宗（おうばくしゅう）··········122、123

黄檗天井（おうばくてんじょう）··········123

大手門（おおてもん）··········53、54、58

大戸（おおど）··········179、181

大引・貫式（おおびき・ぬきしき）··········25

筬欄間（おさらんま）··········166、167

押板（おしいた）··········154、156、166

尾垂木（おだるき）··········34、35、82、83、103、106、108

御土居・土居（おどい・どい）··········49、50、55

オノ（おの）··········38

織部灯籠（おりべとうろう）··········165

御柱（おんばしら）··········64

か行

会所（かいしょ）··········152、153、154、159、168、169

回廊・廻廊（かいろう）··········28、76、77、78、84、85、89、98、99、122

蟇股（かえるまた）··········83、101、113、137

家屋文鏡（かおくもんきょう）··········18

丸桁（がぎょう）··········34、35、83、109

頭貫（かしらぬき）··········34、35、83、85、104、107、108、109、123

春日造（かすがづくり）··········69、70、71、116

片廂（かたびさし）··········28、29、32

勝男木（かつおぎ）··········19、66、67、68、69、70、71、73、113、115、127

合掌造（がっしょうづくり）··········27、182、190

桂棚（かつらだな）··········170

花頭窓（かとうまど）··········101、106、107、110、119

冠木門（かぶきもん）··········37

かぶと造（かぶとづくり）··········187、189

壁代（かべしろ）··········144、145、149

壁立式（かべたてしき）··········22

亀岡式（かめおかしき）··········126

唐破風（からはふ）··········31、105、117、118、119、171、175、193

伽藍配置（がらんはいち）··········74、76、77、84、86、87、122

側柱（廂柱）（かわばしら）··········22、25、32、33、69、79、83、137、184

灌頂堂（かんじょうどう）··········88、89、94

几帳（きちょう）··········144、145

木鼻（きばな）··········102、104、105、107、109、126

経蔵（きょうぞう）··········74、75、77、95

経棚（きょうだな）··········156

擬洋風（ぎようふう）··········60、195、196

曲水の宴（きょくすいのえん）··········45、139

切妻造（きりづまづくり）··········18、19、30、31、32、37、66、67、68、69、70、71、72、90、105、113、115、116、117、121、126、127、133、137、146、173、175、178、180、190、191、197

切妻破風（きりづまはふ）··········31、175、178

くど造（くどづくり）··········186、190、191

組物（くみもの）··········26、34、35、69、71、78、79、80、81、82、83、84、101、103、106、108、111、113、119、123、126、127

雲斗・雲肘木（くもと・くもひじき）··········82

車宿（くるまやどり）··········140、143、148、153

袈裟襷文銅鐸（けさだすきもんどうたく）··········19

外陣（げじん）··········66、112、114、115、119

桁行（けたゆき）··········22、26、28、36、66、67、68、70、73、78、80、81、90、94、97、105、114、

115、117、118、119、197

月台（げつだい）・・・・・・・・・・・・122、123

下殿（げでん）・・・・・・・・・73

下屋（げや）・・・・・・・・・32、183、184、191

間竿（けんざお）・・・・・・・・・39

間斗束（けんとづか）・・・・・・・・・35、82、83、111

甲板（こういた）・・・・・・・・・67

講堂（こうどう）・・・・・・・・・74、77、78、80、84、86、87、
91、95、106

高麗門（こうらいもん）・・・・・・・・・37

虹梁・大虹梁（こうりょう・だいこうりょう）・・・・・・・・・83、
85、102、103、106、108、110、111、112、137

古器旧物保存方（こききゅうぶつほぞんかた）
・・・・・・・・・200

弘徽殿（こきでん）・・・・・・・・・134

国宝保存法（こくほうほぞんほう）・・・・・・・・・202

五間門（ごけんもん）・・・・・・・・・36、103

古社寺保存法（こしゃじほぞんほう）・・・・・・・・・200、201、
202

五重塔（ごじゅうのとう）・・・・・・・・・79、82、87、96

五大堂（ごだいどう）・・・・・・・・・88、95

御殿（ごてん）・・・・・・・・・50、52、157、166、167、168、
169、170、171

小屋組（こやぐみ）・・・・・・・・・26、27、83、115、136

権現造（ごんげんづくり）・・・・・・・・・121、124、125

金堂（こんどう）・・・・・・・・・74、76、77、78、80、82、84、
85、87、88、91、95、106

根本中堂（こんぽんちゅうどう）・・・・・・・・・88

さ行

在郷町（ざいごうまち）・・・・・・・・・55

棹縁天井（さおぶちてんじょう）・・・・・・・・・166、172

笹繰（ささぐり）・・・・・・・・・85

座敷構え（ざしきがまえ）・・・・・・・・・156、157、166、168

挿肘木（さしひじき）・・・・・・・・・100、102、103、115

扠首（さす）・・・・・・・・・23、27、32、85、136、183、184、
190

里内裏（さとだいり）・・・・・・・・・48、134

侍廊（さぶらいろう）・・・・・・・・・140、143、149、153

皿板（さらいた）・・・・・・・・・85

皿斗（さらと）・・・・・・・・・82、85、103

桟唐戸（さんからど）・・・・・・・・・105、107、108、109、
110

桟瓦（さんがわら）・・・・・・・・・59、197

三間社流造（さんげんしゃながれづくり）・・・・・・・・・70、
114、115、116

三重塔（さんじゅうのとう）・・・・・・・・・79、94、99

山上伽藍（さんじょうがらん）・・・・・・・・・87

三匝堂・栄螺堂（さんそうどう・さざえどう）・・・・・・・・・120

三面僧房（さんめんそうぼう）・・・・・・・・・80

三面廂（さんめんびさし）・・・・・・・・・28、29、32、112

三門（さんもん）・・・・・・・・・37、77、106、122

山林寺院（さんりんじいいん）・・・・・・・・・77、87

食堂（じきどう）・・・・・・・・・74、75、77、87、90、106

式年造替・遷宮（しきねんぞうたい・せんぐう）・・・・・・・・・63、
65、66

四脚門（しきゃくもん）・・・・・・・・・36、126、152、153

四行八門制（しぎょうやもんせい）・・・・・・・・・46

繁垂木（しげだるき）・・・・・・・・・71

紫宸殿（ししんでん）・・・・・・・・・134、135

下地窓（したじまど）・・・・・・・・・162、163、164

地垂木（じだるき）・・・・・・・・・103、108、109

七堂伽藍（しちどうがらん）・・・・・・・・・74、106

四天王寺式（してんのうじしき）・・・・・・・・・76

蔀・蔀戸（しとみ・しとみど）・・・・・・・・・110、117、124、
135、144、145、148、149、167

寺内町（じないまち）・・・・・・・・・55

芝居小屋（しばいごや）・・・・・・・・・55、175

地覆（じふく）・・・・・・・・・82、84、85

持仏堂（じぶつどう）・・・・・・・・・138、143、148、155、
158、170

四面廂（しめんびさし）・・・・・・・・・28、29、32、33、91、
97、134

錫杖彫（しゃくじょうぼり）・・・・・・・・・103

宿場町（しゅくばまち）・・・・・・・・・55

撞木造（しゅもくづくり）・・・・・・・・・120

書院造（しょいんづくり）・・・・・・・・・16、129、155、156、
157、158、163、164、165、166、167、170

城郭（じょうかく）・・・・・・・・・50、52、53、56、57、167、
200

城下町（じょうかまち）・・・・・・・・・41、50、51、52、53、54、
55、60、176、178

常行堂（じょうぎょうどう）・・・・・・・・・88、93、95

正堂（しょうどう）・・・・・・・・・88、89、90、91、112

条坊（じょうぼう）・・・・・・・・・42、43、44、45、46、49

上屋（じょうや）・・・・・・・・・32、183、184

鐘楼（しょうろう）・・・・・・・・・74、75、91、94、95、99、
106、122

鐘楼門（しょうろうもん）・・・・・・・・・37

白川郷（しらかわごう）・・・・・・・・・27、182、190

支輪・軒支輪（しりん・のきしりん）・・・・・・・・・35、83

壬申検査（じんしんけんさ）・・・・・・・・・200

心礎（しんそ）・・・・・・・・・79

寝殿（しんでん）・・・・・・・・・140、141、143、145、148、

153、154、158、169

寝殿造（しんでんづくり）⋯⋯⋯⋯16、129、140、142、143、144、145、148、153、154、155、157、158、166、167、168

心御柱（しんのみはしら）⋯⋯⋯⋯65、67、68

心柱（しんばしら）⋯⋯⋯⋯79、88

神仏習合（しんぶつしゅうごう）⋯⋯⋯⋯73、96、113

神明造（しんめいづくり）⋯⋯⋯⋯66、67、69

縋破風（すがるはふ）⋯⋯⋯⋯117

数寄屋（すきや）⋯⋯⋯⋯163、170

朱雀大路（すざくおおじ）⋯⋯⋯⋯43、45、46、48

隅扇垂木（すみおうぎだるき）⋯⋯⋯⋯103

隅木（すみぎ）⋯⋯⋯⋯32、33、71、103、116

住吉造（すみよしづくり）⋯⋯⋯⋯66、69

制限図（せいげんず）⋯⋯⋯⋯126、127

清涼殿（せいりょうでん）⋯⋯⋯⋯134、135

禅宗寺院（ぜんしゅうじいん）⋯⋯⋯⋯37、77、101、106、108、109、158、159

禅宗様（ぜんしゅうよう）⋯⋯⋯⋯16、63、100、101、106、107、108、109、110、119、122、123、124、158

千年家（せんねんや）⋯⋯⋯⋯183

総郭型（そうぐるわがた）⋯⋯⋯⋯52、53

双斗（そうと・ふたつど）⋯⋯⋯⋯109

層塔型（そうとうがた）⋯⋯⋯⋯54、57

双塔式（そうとうしき）⋯⋯⋯⋯76

僧房（そうぼう）⋯⋯⋯⋯74、75、77、80、106

相輪（そうりん）⋯⋯⋯⋯79、88

添束式（そえづかしき）⋯⋯⋯⋯25

礎石（そせき）⋯⋯⋯⋯26、39、79、84、113、132、136、184

礎盤（そばん）⋯⋯⋯⋯106、107

た行

ダイガンナ（だいがんな）⋯⋯⋯⋯39

大極殿（だいごくでん）⋯⋯⋯⋯129、130、131、132、133、134、136

大社造（たいしゃづくり）⋯⋯⋯⋯66、68、69

大嘗宮・大嘗祭（だいじょうきゅう・だいじょうさい）⋯⋯⋯⋯133

大内裏（だいだいり）⋯⋯⋯⋯48、134

大斗（だいと）⋯⋯⋯⋯34、35、82、83、85

大斗肘木（だいとひじき）⋯⋯⋯⋯35

対屋（たいのや）⋯⋯⋯⋯140、141

大仏様（だいぶつよう）⋯⋯⋯⋯16、63、100、101、102、103、104、105、109、110、115

大瓶束（たいへいづか）⋯⋯⋯⋯106、108

台目畳（だいめだたみ）⋯⋯⋯⋯162

内裏（だいり）⋯⋯⋯⋯16、49、89、130、131、133、134

台輪（だいわ）⋯⋯⋯⋯25、34、35、83、107、108

高床・高床建物（たかゆか・たかゆかたてもの）⋯⋯⋯⋯18、19、24、25、81、134、136、140

宅地班給（たくちはんきゅう）⋯⋯⋯⋯43、45

出文机（だしふづくえ・いだしふづくえ）⋯⋯⋯⋯157

竪穴建物（たてあなたてもの）⋯⋯⋯⋯15、18、20、21、22

縦町型（たてまちがた）⋯⋯⋯⋯52、53、54

多宝塔（たほうとう）⋯⋯⋯⋯79、86、88、98、99

垂木（たるき）⋯⋯⋯⋯21、22、23、25、26、27、32、34、35、69、71、82、83、85、103、107、110、123、184

単層門（たんそうもん）⋯⋯⋯⋯36、37

違い棚（ちがいだな）⋯⋯⋯⋯154、155、156、157、165、166、168、169、173

千木・置千木（ちぎ・おきちぎ）⋯⋯⋯⋯18、19、66、67、68、69、70、71、73、113、115、127

千鳥破風（ちどりはふ）⋯⋯⋯⋯31、57、116

粽（ちまき）⋯⋯⋯⋯107

茶室（ちゃしつ）⋯⋯⋯⋯157、160、161、162、163、164、165、170

茶屋（ちゃや）⋯⋯⋯⋯55、120、160、170、172

中門造（ちゅうもんづくり）⋯⋯⋯⋯187、188

中門廊（ちゅうもんろう）⋯⋯⋯⋯140、141、142、143、148、149、153、166

帳台構え（ちょうだいがまえ）⋯⋯⋯⋯156、157、166

朝堂院（ちょうどういん）⋯⋯⋯⋯130、131、133

チョウナ（ちょうな）⋯⋯⋯⋯38

町人地（ちょうにんち）⋯⋯⋯⋯47、52、53、54、58、60、178

築地塀（ついじべい）⋯⋯⋯⋯98、148

衝立障子（ついたてしょうじ）⋯⋯⋯⋯144

束（つか）⋯⋯⋯⋯22、25、26、27、82、136、184

造出柱式（つくりだしばしらしき）⋯⋯⋯⋯25

付書院（つけしょいん）⋯⋯⋯⋯155、156、157、166、169

付庇（つけびさし）⋯⋯⋯⋯156、157

つし二階（つしにかい）⋯⋯⋯⋯179、180

繋虹梁（つなぎこうりょう）⋯⋯⋯⋯34、83、137

坪（つぼ）⋯⋯⋯⋯43、45、46、49、138

妻入り（つまいり）⋯⋯⋯⋯19、28、66、68、69、71、116、120、178

詰組（つめぐみ）⋯⋯⋯⋯106、107、108、119

釣殿（つりどの）⋯⋯⋯⋯140、141、149

出組（でぐみ）‥‥‥‥35
出格子窓（でごうしまど）‥‥‥‥180、181
手先（てさき）‥‥‥‥34、35、78、81、123
点前畳（てまえだたみ）‥‥‥‥165
出三斗（でみつと）‥‥‥‥35、78、113
寺町（てらまち）‥‥‥‥49、51、52
天正の地割（てんしょうのちわり）‥‥‥‥49
塔（とう）‥‥‥‥74、76、77、79、80、84、87、95、96、106
同朋衆（どうぼうしゅう）‥‥‥‥154
遠侍（とおさぶらい）‥‥‥‥143、167、169
通肘木（とおしひじき）‥‥‥‥35、83、100、101、103
とおりにわ‥‥‥‥179
斗繰（とぐり）‥‥‥‥34
独立棟持柱（どくりつむなもちばしら）‥‥‥‥23、67
床の間（とこのま）‥‥‥‥156、157、161、162、166、167、169、172、173、179
土台（どだい）‥‥‥‥26、70、71、113

な行

内陣（ないじん）‥‥‥‥66、89、97、112、114、115、119、201
中備（なかぞなえ）‥‥‥‥35、82、101、102、103、106、107、109
長屋門（ながやもん）‥‥‥‥37、182
流造（ながれづくり）‥‥‥‥69、70、71、113、114、116
長押（なげし）‥‥‥‥85、92、101、103、110、121、148、149、165、172
なまこ壁（なまこかべ）‥‥‥‥173、196
双堂（ならびどう・そうどう）‥‥‥‥72、90、91、112
二重虹梁（にじゅうこうりょう）‥‥‥‥83、111、137
二重虹梁蟇股（にじゅうこうりょうかえるまた）‥‥‥‥83、137
二重仏堂（にじゅうぶつどう）‥‥‥‥78
二重門（にじゅうもん）‥‥‥‥36、37、103
にじり口（にじりぐち）‥‥‥‥162、163、164
にない堂（にないどう）‥‥‥‥88
二面廂（両廂）（にめんびさし）‥‥‥‥28、29、32、90
人字栱（にんじきょう）‥‥‥‥82
塗籠（ぬりごめ）‥‥‥‥140、141、145、157
塗屋（ぬりや）‥‥‥‥175
能舞台（のうぶたい）‥‥‥‥174
軒唐破風（のきからはふ）‥‥‥‥31、121、126
軒桁・桁（のきげた・けた）‥‥‥‥21、22、23、26、27、28、32、33、34、35、67、69、83、85、123、136、184
ノコ（のこ）‥‥‥‥38
ノミ（のみ）‥‥‥‥38、39

は行

拝殿（はいでん）‥‥‥‥98、115、117、121、125、127
柱間（はしらま）‥‥‥‥28、79、92、93、94、102、155
旅籠（はたご）‥‥‥‥55、172、173
八幡造（はちまんづくり）‥‥‥‥72
八脚門（はっきゃくもん）‥‥‥‥36
八省院（はっしょういん）‥‥‥‥127、131、133
ばったり‥‥‥‥180
破風（はふ）‥‥‥‥30、31、67、68、83、116、137
梁（はり）‥‥‥‥21、22、23、26、27、28、35、69、84、121、123、183、184
梁間（はりま）‥‥‥‥22、23、25、26、28、66、68、70、73、78、80、81、90、97、105、111、112、114、115、117、119、134、136、190、191、197
日吉造（ひえづくり）‥‥‥‥73
控柱（ひかえばしら）‥‥‥‥36、37、103
廂（ひさし）‥‥‥‥28、29、30、32、33、69、70、71、73、78、89、90、91、93、94、97、110、111、112、113、114、115、117、145、173、178、184
肘木（ひじき）‥‥‥‥34、35、82、83、85
飛貫（ひぬき）‥‥‥‥105、109
屏風（びょうぶ）‥‥‥‥144、145、155
火除地（ひよけち）‥‥‥‥59
平入り（ひらいり）‥‥‥‥28、67、69、70、72、73、113、116、151、173、178、180
平唐門（ひらからもん）‥‥‥‥149、152、153
平城（ひらじろ）‥‥‥‥56、61
平三斗（ひらみつど）‥‥‥‥35、78
平山城（ひらやまじろ）‥‥‥‥56
広縁（ひろえん）‥‥‥‥154、159、166
広小路（ひろこうじ）‥‥‥‥59
広廂（ひろびさし）‥‥‥‥136
武家地（ぶけち）‥‥‥‥52、53、59
襖（ふすま）‥‥‥‥155、157、166、172
伏屋式（ふせやしき）‥‥‥‥22
二手先（ふたてさき）‥‥‥‥34、35
仏殿（ぶつでん）‥‥‥‥77、106、158
舟肘木（ふなひじき）‥‥‥‥35、113、117
豊楽院（ぶらくいん）‥‥‥‥131

文化財保護法（ぶんかざいほごほう）……………202
分枝式（ぶんししき）……………25
分棟型（ぶんとうがた）……………187、189
平地伽藍（へいちがらん）……………77、87
平地式住居（へいちしきじゅうきょ）……………20
幣殿（へいでん）……………99、125
宝形造（ほうぎょうづくり）……………30、33、81、88、92、102、110、197
方丈（ほうじょう）……………159
法堂（はっとう）……………77、106、122
望楼型（ぼうろうがた）……………54、57
墨蹟窓（ぼくせきまど）……………165
法華堂（ほっけどう）……………88、96
掘立柱（ほったてばしら）……………22、23、26、67、136、140、184
本柱（ほんばしら）……………36、37、103
本棟造（ほんむねづくり）……………187、190

ま行

舞殿（まいどの）……………98、99
舞良戸（まいらど）……………117
曲がり家（まがりや）……………187、188
巻斗（まきと）……………34、35、83
孫廂（まごびさし）……………89、90、91、93
町外郭型（まちがいかくがた）……………52、53
町家（まちや）……………51、54、151、161、176、177、178、179、180、182、184、185
疎垂木（まばらだるき）……………117
円窓（まるまど）……………123
卍崩し（まんじくずし）……………82
水糸・水ばかり（みずいと・みずばかり）……………39
密庵床（みったんどこ）……………165
三手先（みてさき）……………34、35、78、83、111
虫籠窓（むしこまど）……………180
鞭掛（むちかけ）……………67、113
棟木（むなぎ）……………18、19、21、22、23、26、27、28、30、32、33、34、37、67、69、85
棟持柱（むなもちばしら）……………19、22、23、68、113、184
棟門（むなもん）……………37
室床（むろどこ）……………162、163
明暦の大火（めいれきのたいか）……………58、59
馬道（めどう）……………117
裳階（もこし）……………78、79、88、96、100、106、115、118、119、120、126
身舎（もや）……………28、29、32、33、69、70、71、73、

78、89、90、91、94、97、110、111、112、114、134、135、141、145、184
母屋桁（もやげた）……………27、83
門前町（もんぜんまち）……………55

や行

薬医門（やくいもん）……………37
櫓門（やぐらもん）……………37、148
屋根倉式（やねくらしき）……………25
山城（やまじろ）……………56
大和棟（やまとむね）……………186、191
ヤリガンナ（やりがんな）……………38、39
遣り戸（やりど）……………135、145
遣り水（やりみず）……………45、138、139、140、141
唯一神明造（ゆいいつしんめいづくり）……………67
遊離尾垂木（ゆうりおだるき）……………102、103
弓欄間（ゆみらんま）……………107
洋小屋（ようごや）……………27
横町型（よこまちがた）……………52、53、54
寄棟造（よせむねづくり）……………30、32、33、78、81、100、105、111、117、118、188、189、191、197
四手先（よてさき）……………119、123

ら行

礼堂（らいどう）……………88、89、90、91、93、97、112、115、201
竜宮門（りゅうぐうもん）……………37
累木式（るいぼくしき）……………25
霊廟（れいびょう）……………124
連子窓（れんじまど）……………82、84、85、110、111、136
楼閣（ろうかく）……………45、92、158
楼門（ろうもん）……………36、37、99
露地（ろじ）……………161、165

わ行

環金具（わかなぐ）……………181
脇障子（わきしょうじ）……………71
脇殿（わきでん）……………47、138、142、143
和小屋（わごや）……………27
渡殿（わたどの）……………140、141
和様（わよう）……………16、100、101、103、104、110、111、112、119、158
藁座（わらざ）……………85、103、105、107、109
割拝殿（わりはいでん）……………117

主要参考文献（五十音順）

・浅野清『奈良時代建築の研究』中央公論美術出版、1969年
・井上充夫『日本建築の空間』SD選書、鹿島出版会、1969年
・海野聡『古建築を復元する―過去と現在の架け橋―』吉川弘文館、2017年
・海野聡『建物が語る日本の歴史』吉川弘文館、2018年
・海野聡『奈良で学ぶ 寺院建築入門』集英社、2022年
・海野聡『森と木と建築の日本史』岩波書店、2022年
・海野聡『日本建築史講義―木造建築がひもとく技術と社会』学芸出版社、2022年
・大河直躬『番匠』ものと人間の文化史5、法政大学出版局、1971年
・太田博太郎『図説日本住宅史（新訂）』彰国社、1971年
・太田博太郎『奈良の寺々』岩波ジュニア新書、1982年
・太田博太郎『日本建築史序説　増補第三版』彰国社、2009年　文献目録・研究の方法論
・太田博太郎他編『世界建築全集1・2・3』日本古代・中世・近世、平凡社、1959～6年
・太田博太郎・西和夫・藤井恵介編『太田博太郎と語る日本建築の歴史と魅力』
　　彰国社、1996年
・大森健二『社寺建築の技術―中世を主とした歴史・技法・意匠』理工学社、1998年
・工藤圭章『古寺建築入門』岩波グラフィックス、1984年
・小泉和子・玉井哲雄・黒田日出男編『絵巻物の建築を読む』東京大学出版会、1996年
・高橋康夫『物語／ものの建築史　建具のはなし』鹿島出版会、1985年
・日向進『物語／ものの建築史　窓のはなし』鹿島出版会、1988年
・平井聖『日本住宅の歴史』NHKブックス、1974年
・藤井恵介『日本建築のレトリック―組物を見る』INAX、1994年
・藤井恵介・玉井哲雄『建築の歴史』中央公論社、1995年
・文化庁編『文化財講座　日本の建築』1～5　第一法規、1976～77年
・文化庁歴史建造物調査研究会編『建物の見方・しらべ方―江戸時代の寺院と神社』
　　ぎょうせい、1994年
・伝統のディテール研究会編『改訂　伝統のディテール―日本建築の詳細と技術の変遷』
　　彰国社、1974年
・西和夫『図解 古建築入門』彰国社、1990年
・日本建築学会編『構造用教材1985改訂』丸善、1985年
・日本建築学会編『日本建築史図集新訂 第三版』彰国社、2011年
・日本建築史研究会編『日本建築史文献目録1987・1990』文化財建造物保存技術協会、
　　1996年
・光井渉『日本の伝統木造建築―その空間と構法』市ヶ谷出版社、2016年
・村田健一『伝統木造建築を読み解く』学芸出版社、2006年
・村松貞次郎『大工道具の歴史』岩波書店、1973年
・木造フォーラム編『図説木造建築事典』（全2冊）、学芸出版社、1995年
・山田幸一『物語／ものの建築史　日本壁のはなし』鹿島出版会、1985年
・『日本建築史』新建築学大系2、彰国社、1999年
・『日本建築史基礎資料集成』中央公論美術出版、1971年～（未完）
・『角川新版日本史辞典』第7版、角川学芸出版、2010年
・『日本の美術』シリーズ
・『日本人はどのように建造物をつくってきたか』シリーズ、草思社
・『ものと人間の文化史』シリーズ、法政大学出版会局
上記のほか、各種修理工事報告書・調査報告書・絵巻物などを参照した。

なお平面図・断面図等は下記文献等から参照し、イラストレーターが適宜変更・加筆のうえトレースまたはイラスト化した（かっこ内は本書該当頁を示す）

・浅野清『奈良時代建築の研究』中央公論美術出版、1969年（137頁上・中）
・伊藤延男他『文化財講座 日本の建築 二 古代Ⅱ・中世Ⅰ』第一法規出版、1976年（35頁、114頁上段右）
・稲垣栄三『古代の神社建築』日本の美術81、至文堂、1973年（68頁中央・下）
・海野聡「遺構からみた都庁の建築的特徴と空間的特質」『第20回古代官衙・集落研究会報告書 郡庁域の空間構成』奈良文化財研究所、2017年（133頁上段左）
・海野聡「東大寺食堂にみる古代食堂の建築的展開について」『東大寺の新研究3 東大寺の思想と文化』法蔵館、2018年（87頁上）
・海野聡『奈良時代建築の造営体制と維持管理』吉川弘文館、2015年（17頁上）
・太田博太郎他『カラー版 日本建築様式史』美術出版社、2010年（133頁下段左、152、185頁）
・太田博太郎他『建築学体系4 日本建築史』彰国社、1968年（17頁下）
・小澤毅『日本古代宮都構造の研究』青木書店、2003年（44頁上）
・木村徳国『古代建築のイメージ』日本放送出版協会、1979年（18頁）
・京都府教育庁『國寶平等院鳳凰堂修理工事報告書』附圖2、1957年（95頁上段）
・工藤圭章『平安建築』日本の美術197、至文堂、1982年（93頁）
・公益財団法人京都市埋蔵文化財研究所「寝殿造成立前夜の貴族邸宅─右京の邸宅遺跡から─」『リーフレット京都』No.298、2013年（142頁下、143頁上段3点）
・国宝浄土寺浄土堂修理委員会『国宝浄土寺浄土堂修理工事報告書 図版編』国宝浄土寺浄土堂修理委員会、1959年（102頁）
・國寶大報恩寺本堂修理事務所編『國寶建造物大報恩寺本堂修理工事報告書』京都府教育庁、1954年（112頁上）
・国立公文書館蔵「出羽国最上山形城絵図」（60頁）
・国立国会図書館デジタルコレクション「一遍聖絵」（98、99頁）「春日権現験記絵」（38、39頁、156頁下）「慕帰絵詞」（156頁上段）「年中行事絵巻」（江戸後期写本藤原光長絵）（89頁上、132頁下、135頁上、140頁下、146、147頁）「東山殿御飾書」（154頁上・背景）「法然上人絵伝」（148頁上、157頁上段左）「類聚雑要抄」（144、145頁）「蒙古襲来絵詞」（149頁上）「名所江戸百景 上野清水堂不忍ノ池」（120頁上段右）
・滋賀県教育委員会『国宝光浄院客殿・国宝勧学院客殿修理工事報告書』1980年（166頁上段左・下段左）
・滋賀県教育委員会『重要文化財長寿寺弁天堂修理工事報告』1957年（112頁下）
・滋賀県教育委員会事務局文化財保護課『国寶延暦寺根本中堂及重要文化財根本中堂廻廊修理工事報告書』1995年（89頁下）
・滋賀県教育委員会事務局文化財保護課『重要文化財延暦寺常行堂及び法華堂修理工事報告書』1968年（88頁下）
・新建築学大系編集委員会『新建築学大系2』日本建築史、彰国社、1999年（119頁上段右、159頁上）
・『社寺取調類纂』（127頁上段）
・鈴木嘉吉「古代建築の構造と技法」『奈良の寺2』岩波書店、1974年（34頁上）
・関野克「在信楽藤原豊成板殿復原考」『建築学会論文集3』1936年（136頁）
・高橋康夫他編『図集 日本都市史』東京大学出版会、1993年（47頁中、48、51、54頁、59頁上、176頁）
・谷直樹『大工頭中井家建築指図集 中井家所蔵本』思文閣出版、2003年（105頁下）
・丹下健三『伊勢─日本建築の原型─』朝日新聞社、1962年（67頁下）

主要参考文献　213

- 東京藝術大学大学院美術研究科文化財保存学専攻保存修復建造物研究室『鑁阿寺本堂調査報告書』足利市教育委員会、2011年(108頁上)
- 東大寺蔵「東大寺縁起絵巻」(100頁上)「大仏殿虹梁木曳図」(118頁下)
- 都立中央図書館特別文庫室蔵「武州豊嶋郡江戸庄図」(58頁)
- 中村昌生『茶室と露地』日本の美術19、小学館、1972年(161頁上、164頁上段、165頁中段)
- 名古屋城総合事務所蔵「昭和実測図」(167頁上)
- 奈良文化財研究所内部資料(45頁上)
- 奈良県教育委員会『国宝東大寺法華堂修理工事報告書』1972年(90頁中段右)
- 奈良県所蔵建造物図面(103頁下段左)
- 奈良県美術館蔵「歌舞伎芝居之図」(175頁上)
- 奈良国立文化財研究所編『高山Ⅱ　伝統的建造物群保存対策調査報告』高山市教育委員会、1984年、巻末図版(177頁下)
- 奈良国立文化財研究所編『平城京左京二条二坊・三条二坊発掘調査報告―長屋王邸・藤原麻呂邸の調査―本文編』奈良国立文化財研究所、1995年(138頁)
- 奈良市南市町自治会蔵「春日宮曼荼羅」(96頁)
- 奈良文化財研究所『古代の官衙遺跡Ⅱ』遺物・遺跡編、奈良文化財研究所、2004年(130、131頁)
- 奈良文化財研究所『重要文化財小野家住宅・保存活用計画調査報告書』塩尻市教育委員会、2006年(173頁上段)
- 奈良文化財研究所『図説　平城京事典』柊風舎、2010年(42頁、44頁下、46頁)
- 『日本建築史基礎資料集成』中央公論美術出版(68頁右上、70頁下、71頁上・中央・右下、72頁下、73頁、90頁上段右、94頁上、97頁、109頁上、110頁下、111頁下、114頁下段左、115頁下、116頁、125頁下、155頁上段左、159頁下段左、162頁上、191頁上)
- 『日本建築史図集』新訂第3版、彰国社、2011年(65頁、66頁下、77頁右下、80頁、91頁中段・下段、95頁下段、95頁中段左、106頁右、122頁左、133頁下段右、134頁下、135頁下、141頁、142頁上、143頁下、148頁下、150、151頁、153頁、154頁下、159頁下段右、161頁下、165頁下段、168頁下、169頁平面図、170頁上段右、183頁、188頁上段左・下段左、189頁上段左、190頁上段左・下段左、191頁下段左)
- 『日本の美術』200(125頁上)
- 平井聖『日本の近世住宅』鹿島出版会、1968年(157頁下)
- 文化遺産オンライン「男衾三郎絵巻」(149頁下)
- 文化庁文化財部記念物課『発掘調査のてびき』集落遺跡発掘編、同成社、2013年(20、21、25頁、36頁下、37頁上、76頁、77頁左上)
- 堀口捨巳『茶室』日本の美術83、至文堂、1973年(162頁下)
- 松尾剛次『中世都市鎌倉の風景』吉川弘文館、2009年(47頁下)
- 光井渉『日本の伝統木造建築―その空間と構法』市谷出版社、2016年(179頁下)
- 光井渉・太記祐一『建築と都市の歴史：カラー版』井上書院、2013年(179頁上、184頁)
- 吉田靖『民家』日本の美術60、至文堂、1971年(189頁下段左)

おわりに

駆け足で日本の建築の歴史を見てきましたが、そこには時代背景や思想が深くかかわっています。今でも歴史的建造物は各地に佇んでいて、その佇まいは我々に感動を与え、豊かな文化的環境を提供してくれていますが、その価値は気づきにくく、喪失してはじめて価値に気づかされることも少なくありません。

その価値を知るには、古建築を深く知ることが第一歩ですが、単にデザインや技術を知るだけでは不十分で、そのようなカタチとした思想、そのカタチを実現するための技術的な発展を理解することで、過去の人びとの営みに触れることができるのです。

ただし、私たちが目にしている歴史的建造物は、過去に存在した数多くの建物のごく一部であることを忘れてはいけません。多くの失われたモノのなかにも歴史は詰まっており、遺跡として地下に眠っていることもあります。たとえ東京であっても、江戸時代の痕跡はもちろん、縄文時代の遺跡もあります。こうして見ると、我々の周りは歴史の痕跡に囲まれているのです。これらの豊かな歴史的環境を守るには、その価値を知り、サポートする人びとの営みが欠かせません。

本書を読んだ方々が、少しでも建築の歴史や歴史的建造物に興味をもって、そのファンになってくれることを願っています。

著者略歴

海野 聡（うんの さとし）

1983年、千葉県生まれ。東京大学大学院工学系研究科建築学専攻准教授、博士（工学）。専門は日本建築史・東アジア建築史・文化財保存。2009年、東京大学大学院工学系研究科建築学専攻博士課程中退、奈良文化財研究所を経て、現職。著書に『古建築を復元する──過去と現在の架け橋』（2017年、吉川弘文館）、『建物が語る日本の歴史』（2018年、吉川弘文館）、『奈良で学ぶ　寺院建築入門』（2022年、集英社新書）、『森と木と建築の日本史』（2022年、岩波新書）、『日本建築史講義──木造建築がひもとく技術と社会』（2022年、学芸出版社）、『古建築を受け継ぐ　メンテナンスからみる日本建築史』（2024年、岩波書店）など。

ぜんぶ絵でわかる❽
日本建築の歴史

2024年9月3日　初版第一刷発行

著者
海野 聡

発行者
三輪浩之

発行所
株式会社エクスナレッジ
〒106-0032 東京都港区六本木7-2-26
https://www.xknowledge.co.jp/

問合せ先
［編集］tel 03-3403-1381／fax 03-3403-1345
　　　　info@xknowledge.co.jp
［販売］tel 03-3403-1321／fax 03-3403-1829

無断転載の禁止：本書の内容（本文、写真、図表、イラスト等）を、当社および著作権者の承諾なしに無断で転載（翻訳、複写、データベースへの入力、インターネットでの掲載等）することを禁じます。